夢見る力

建築とアートを融合する

郡裕美

王国社

目次

夢見る力

夢見る力

第1回　廃墟をアートで甦らせる

「廃墟の教会で作品を作ってほしい。」ある日、ベルリンから一通のメールを受け取った。12世紀に建てられた教会が、第二次世界大戦で半壊して廃墟になり、そのまま放置されているらしい。早速予定を調整して現地に飛ぶことにした。まずは、現地に行ってその場の空気を感じなければ何も始まらない。

そこは旧東ベルリンの中心部、アレクサンダー広場のすぐ裏にあった。入口の大きな門をくぐると、屋根は全く残っておらず、壁の右半分は崩れ落ちて基礎だけが残っていた。今でこそ平和で穏やかな空気が流れているが、風雨にさらされて変色した煉瓦が痛ましい過去の戦争を思いおこさせる。

私は、教会として使われていたころの空間を頭に思い描きながら、ゆっくりと身廊を歩いてみた。残された壁のアーチと対応する高いボールト天井、ステンドグラスの光の色。耳を澄ま

ベルリンの教会廃墟にて行ったインスタレーション（2002年）
失われた教会のアーチに対応して半透明の紗幕をはり、鑑賞者はそこにできた光の道を歩きながらタイムトラベルを楽しむ作品。ウィーン在住の作曲家Berhard Gal氏とのコラボレーション。
作品名：Machina Temporis
サイト：Klosterruine Franciscan Monastery, Berlin, Germany. ベルリン(ドイツ)。
12世紀に建てられたフランシスコ会の教会。第二次世界大戦で大破され、廃墟となった。現在は、様々なアートイベントが行われている。
http://www.klosterruine-berlin.de/set.htm

戦争前の教会の内部。

第2次世界大戦の爆撃で半
壊し、廃墟となった教会。

すと、様々な音が聞こえて来た。賛美歌、荘厳なパイプオルガン、牧師の咳払い。遠い記憶の音に隣接道路の騒音、春の空を飛び交う鳥の声、飛行機のエンジン音が重なる。一歩一歩、足を進めるうちに、廃墟の時間と現在の時間、そのふたつが混ざり合い、白昼夢のような時間層に入り込んで行くように感じた。

そこで、失われた空間のダイナミズムを使いながら、いつもとは違う時間層へ旅ができる、体験型のインスタレーション作品を作ってみたらどうだろうと考えた。題名はMachina Temporis（ラテン語でタイムマシンの意味）とした。

まず、失われた各アーチに対応するように半透明のスクリーンを張る。そして鑑賞者は、そのスクリーンをくぐり抜けながらアプス（後陣）へと向かうという作品だ。

しかし、文化財である廃墟には釘一本打てない。

いつも困ったときに助けてくれる構造設計者の一之瀬さんに助けを求めると、すばらしい名案を考えてくれた。廃材のドラム缶に古い道路標識のポールを差し込み、その上から砂を入れ、中央に穴の開いたベニア板でポールを固定するというもの。そして、そこにステンレスのワイヤーを結びつけ、スクリーンを貼る。ワイヤーはタキックス、ジョイントパーツはスガツネ、いつも建築設計の折に世話になっている方々の協力を得、スクリーンは外部で風雨に耐えられるものという条件から、平岡織染のターポスクリーンという足場の仮囲いシートを使うことにした。

半年後、日本から材料を抱えて再びベルリンに降り立った。言葉も通じない異国の地で、古いドラム缶や道路標識を探し歩き、工事現場から砂を調達し、布を探して繊維問屋を訪ね、たくさんの人々に手伝ってもらい、遂に作品ができあがった。

試しに作品の中を歩いてみると、予想どおり、半透明のスクリーンをくぐり抜ける度に、時間の層を旅してるような気持ちになった。そして、到達したアプスから見る空は、赤煉瓦に映えていつもよりもずっと高く、蒼く透き通って感じられた。しかも、毎朝毎夕、教会の高窓から光が差し込むと、それがスクリーンに映り込み、廃墟に光の道を作りだす。光に包まれて歩みを進めると、光の中に溶けてゆくような神々しい気持ちになった。

展覧会のオープニングの日、たくさんの人が見に来てくれた。

「スクリーンをくぐり抜ける度に世界が白く塗り替えられる感じがして、なんだか清らかな気持ちになった。」

「お辞儀をしながらスクリーンを潜って、空を仰ぐ。そんな身体動作を繰り返しすることで、とても真摯な気持ちになった。儀式的な効果がある、教会の廃墟にふさわしい作品だね。」

多くの人が私のもとへやってきて感想を伝えてくれた。

社会主義の時代を経たドイツでは、人々が教会に集うという習慣はほとんど残っていない。

古いドラム缶に道路標識のポールを挿入し、砂を入れて基礎を作り、半透明の横膜を張る。

左：古いドラム缶の内部には指向性の強いスピーカーを入れ、サウンドインスタレーションも行った。現地で録音した音を、様々な要素に分解して、スクリーンをくぐりぬける毎に、もともとは同じ時間に属していた別々の時間層の音を楽しめる。
右：失われたアーチに対応する紗幕をワイヤーで固定し、空間の襞を作る。サウンド・インスタレーションで、そこに、時間の要素を加えた。

教会の高窓から夕日が差し込む。紗幕に窓の光が映りこみ、光の道が現れる。来訪者は神聖な光に包まれて、光の道を歩く。教会の廃墟を生かして、スピリチュアルな空間体験ができる作品が生まれた。

機能を失い廃墟となった教会が、今回、このインスタレーションによって、元々の宗教的な意味をはなれ、純粋にスピリチュアルな体験をできる場として甦ったような気がして大変うれしく思った。

戦争で廃墟になり、使われなくなった教会をどうすればいいか。文化財として修復するだけではない使い方があるのではないか。ドイツには、このような建物がたくさん残っており、それらを現代に生かすための様々な試みがなされている。このクロスター修道院跡もそのひとつである。

私自身、建築家として重要伝統的建造物群保存地区の町並み修景の仕事に関わる中で、文化財として形だけの建物の修復をすることに対して、いつも疑問を抱いている。形だけではなく、その建築のダイナミズム、そこでの空間体験で得られるスピリットのようなものをどうすれば再生できるのか。

今回、建築そのものの修復はせず、その空間のダイナミズムを生かすことに主眼をおいて作品をつくった。アートインスタレーションという「機能」の伴わない空間作品だからこそできた貴重な試みとなったと思う。

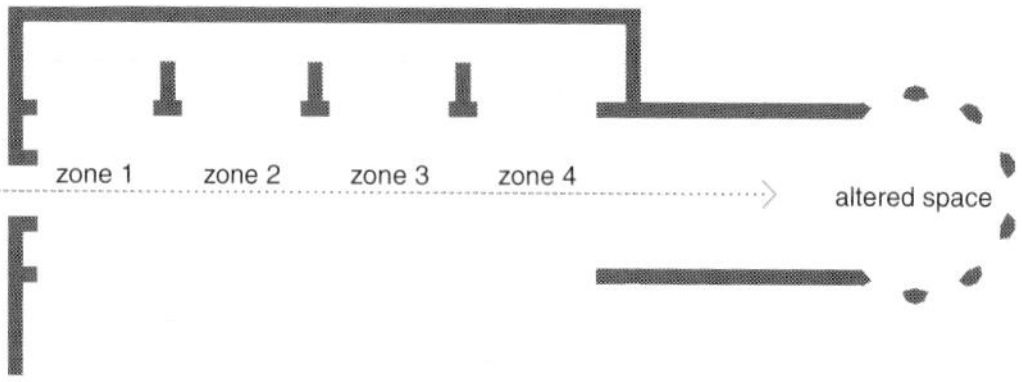

CONCEPT

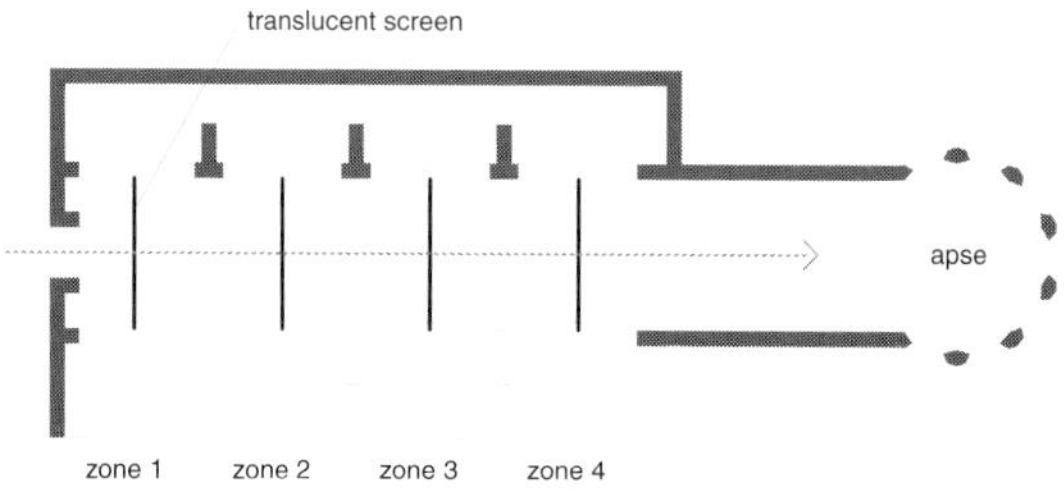

PLAN

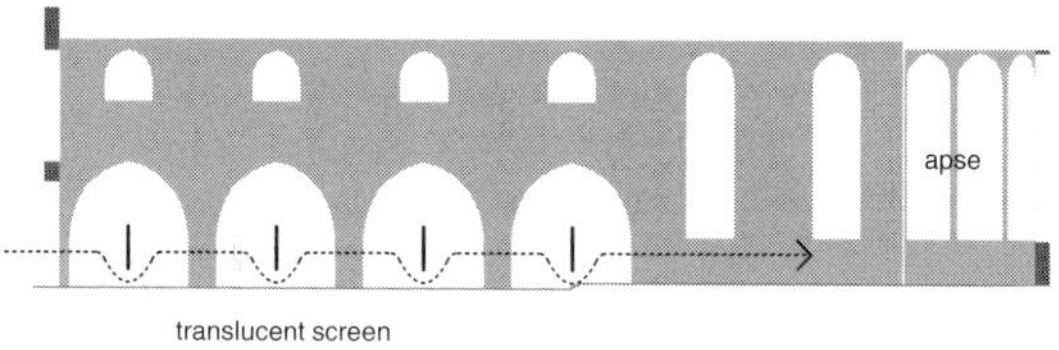

SECTION

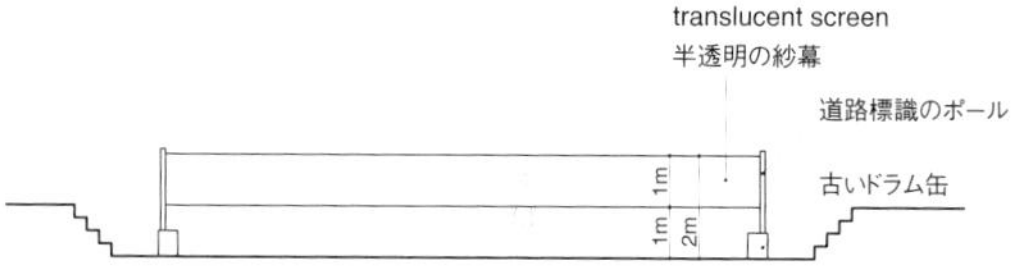

SCREEN DETAIL

Machina Temporis　ダイヤグラム。教会建築の空間のダイナミズムを紗幕で再生する。来訪者は、紗幕をくぐりながらアプスへと向かう。

第2回　古民家再生とアートインスタレーション

初めてそこを訪れたとき、正直を言うと、なんだかみすぼらしくて陰気な建物だなと思った。おもてのガラス引戸の裏には色あせたカーテンがかかっており、閉鎖的な外観だった。中に入ってみると、古びた和室の続き間は荒れ果て、薄暗くて埃っぽかった。中庭は雑草に覆われた廃墟の様相で、裏の土蔵の屋根まで届く伸びすぎたシュロ、半枯れのもみじ、庭は朽ちて崩れていた。土蔵は、見事な本瓦葺きであったが、瓦が方々で割れており、差し掛け下屋の扉は腐って外れていた。その隣の味噌蔵もいびつに傾き、いつ壊れてもおかしくない様子だった。

しかし、何度かそこに足を運ぶうちに、その廃墟のような雰囲気がだんだん好きになってきた。時間から取り残されて置き去りにされたその庭を見ていると、遠い記憶の時間層にタイムトラベルするような錯覚を感じた。

私は、その独特な空気感を大切にしながら、この建物の修復再生を行おうと決心した。

明治に建てられたこの商家は、通りに面して主屋、その後ろに中庭、それをとり囲むようにして、土蔵、味噌蔵が配置されており、この地方の伝統的な住棟配置を残した大変貴重なものであった。そこで、この中庭を町に開放して誰でも気軽に入れる場所にし、町並みの延長として楽しめる提案をすることにした。

中庭を囲う木塀の大半は腐っていたが、使えるものを注意深く残しながら修復した。伸びすぎたシュロは、あえてそのままにして時間に取り残された様相を残した。また、古井戸のまわりを伊勢のゴロタ石で囲い、古井戸を源に記憶の時間が拡がって行くイメージで庭の景色をつくることにした。

そして、古井戸の中に長い蛍光灯を底深くまで垂らし、ゆっくりと点滅させ、光のインスタレーションをする。光が明るくなると地底深くまで見通せ、光が消えると、井戸の上に置いた透明ガラスの蓋に真っ青な空が映り込む。夜は、古井戸が息づくように光り、昼とは違った幻想的な景色が楽しめる。伊勢砂利を敷き詰めただけのシンプルな庭は、廃墟感を漂わせた一風変わった場所になった。

長い間その使い方が決まらなかった主屋は、その後カフェとして使うことになった。私達がこの町家に関わるようになってから、すでに4年以上が経過していた。まず、町と主屋の関係を親密なものにすることを考えた。そこで、トオリとミセの境界に中間領域を設け、公私の柔

しえと改装後外観。格子戸を設け、軒下空間を再生した。とおりから店内の気配が感じられる優しい外観になった。

蘇った中庭。伸びすぎたシュロはあえて残し、時間からとり残された雰囲気をつくる。伊勢砂利を使って古井戸から記憶の時間が広がるイメージの風景を作った。

修復した軒下空間を介して町の気配が感じられるカフェ店内。ガラス戸と格子戸を重ねて中間領域を作ることで、交通量の多い道路との間にバッファーゾーンを作る。佐原の特徴であるミセノマ（小上りの畳）を残した。

床は三和土として、カフェ客席はかつての座敷の空間の記憶を残す為一段上がった板張りとし、トオリ土間を作って中庭への流れを生みだした。

らかい関係をつくることにした。この地方の伝統的な軒下空間のあり方にヒントを得て、トオリ側に格子戸をはめ、室内側にガラス戸を設け、空気層の「境」をつくると、オモテの気配を感じながらもしっとりと落ち着く空間が生まれた。

次に、室内と中庭の関係も親密にすることを考えた。台所の床を壊してトオリ土間をつくり、気軽に中庭を使えるようにした。庭には、縁側とベンチを作り、腰掛けて庭を楽しむ場所も設けた。すると今まで閉塞感のあった屋内が、風の流れを感じる気持ちの良い場所になり、窓から見える庭の風景が生き生きとし始めた。

インテリア計画としては、かつての家屋の空間性をできるだけ残しながら、そこに現代的なテイストを加味することを考えた。帳場として使われていた畳の部屋はそのまま残し、続き間の畳は取り払って1段上がった板張りの床とした。押入をベンチとし、床の間には掛け軸の大きさを模した穴をくりぬき、間接照明を施した。キッチンは一部増築して天窓をつくり、カウンター壁には、ガラスモザイクを張って内部からLEDで照らした。暗く陰気だった古家に新しい光が差し始めた。

そして、その2年後、あばら屋になっていた味噌蔵を修復することになった。カフェの離れとして多目的な場をという施主の要望に対して、ただ一枚の黒い床を浮かせるシンプルな回答を出した。庭の伊勢砂利を部屋の中に敷き込むと、黒い床は、異次元に属する舞台のような場所になった。床下の間接照明を調光すれば、床は浮遊感を持ちはじめ、昼夜それぞれ違った表情が現れる。客人は靴を脱いで、この漆黒に踏み入る。一方、この床板には床暖房を施し、抽象的な場でありながら優しさも兼ね備え、様々な用途に応えられることを考えた。喫茶の場として、会食の場として、様々な可能性を秘めた未知の場として、隠れ家のような場所が生まれた。

最後に奥の土蔵について話そう。実は、この土蔵がこの3棟の中で最初に手を入れた建物であった。佐原に取材の為に訪れた編集者が土蔵にひとめぼれし、その美しさを生かした週末住宅兼ギャラリーをつくって欲しいという要望だった。

初めて土蔵に足を踏み入れた時、そこは深い闇に包まれていた。2階の窓から強い光が差し込み、光と影の対比が美しかった。そこで、暗闇の中で光を生け捕りすることを考えた。

紙ヤスリで丁寧に絹目模様をつけたアクリル硝子の箱を窓の内側に取り付け、光を箱の中に閉じ込める。箱は、外光の変化によって微妙にその輝きを変化させ、まるで生き物のように息づいてみえる。外の景色や窓の鉄格子の影もその表皮に映り込み、アクリル硝子の箱は三次元の「窓」になった。箱は左右にスライドでき、外気を取り入れる窓としても機能し、夜はこの箱が照明器具となるよう内部に照明を仕込んだ。そして、この蔵に隣接して、生活に必要な最小限の機能を充たすための小さな小屋を新築した。水回りとダイニングのある、こちらは内外

味噌蔵を修復したカフェの離れ。床は伊勢砂利をしきこんだ。間接照明で床が浮かんで見える。床は墨とベンガラで、深みのある黒色に着色。

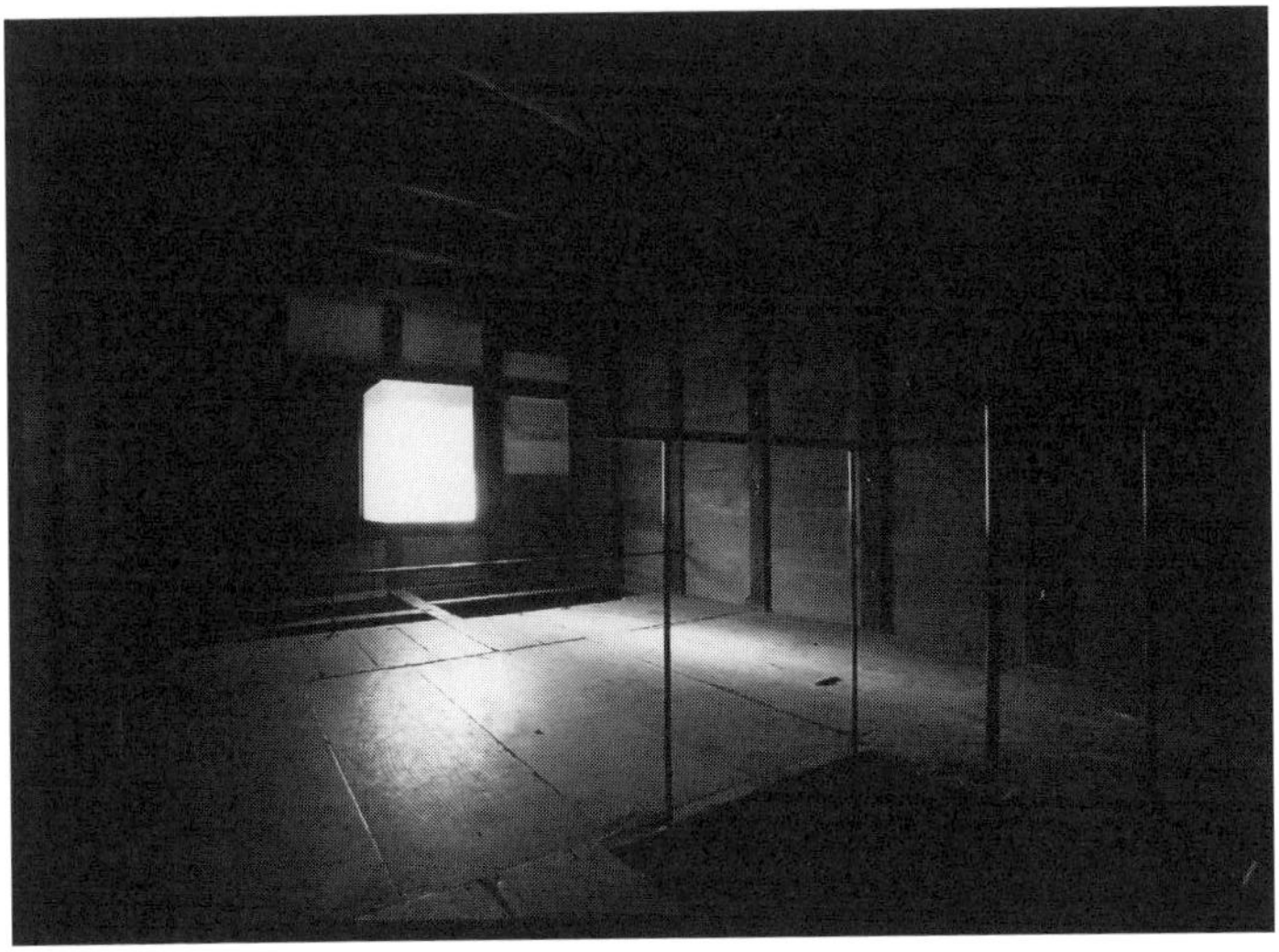

土蔵の闇の中で光を生け捕りする仕掛け。アクリル硝子の立体窓。写真：傍島利治

装共に白で仕上げ、光溢れる場所にした。日常と非日常、光と闇、二つの対比を楽しみながら過ごす週末住宅ができあがった。

幸いこのプロジェクトでは、古民家の持っている独特な空間性、その記憶、そこにある歴史や風景を生かすことが、強く求められ、機能のみに縛られることなく自由な設計ができた。結果、古えの空間を様々な次元で楽しめる芸術作品としての建築ができあがったと思う。

今、こうして振り返ってみると、これは建築とアートの中間の仕事といってもいいような気がしている。そこに隠れている美しい風景を発見する仕掛けをつくり、心に訴えかける空間をつくること。建築設計は、サイトスペシフィックなアートインスタレーションに限りなく近い。

完成後まもなく、この中庭で文楽の公演が行われた。土蔵が舞台の背景になり、建物や庭が物語の中で新たな命を得、カフェの店内からも縁側からも、客が文楽を楽しみ、大成功に終わったと聞いている。この場所がこれからもさらに新しい使い方を発見し、様々なかたちで再生され続けてゆくのを願っている。

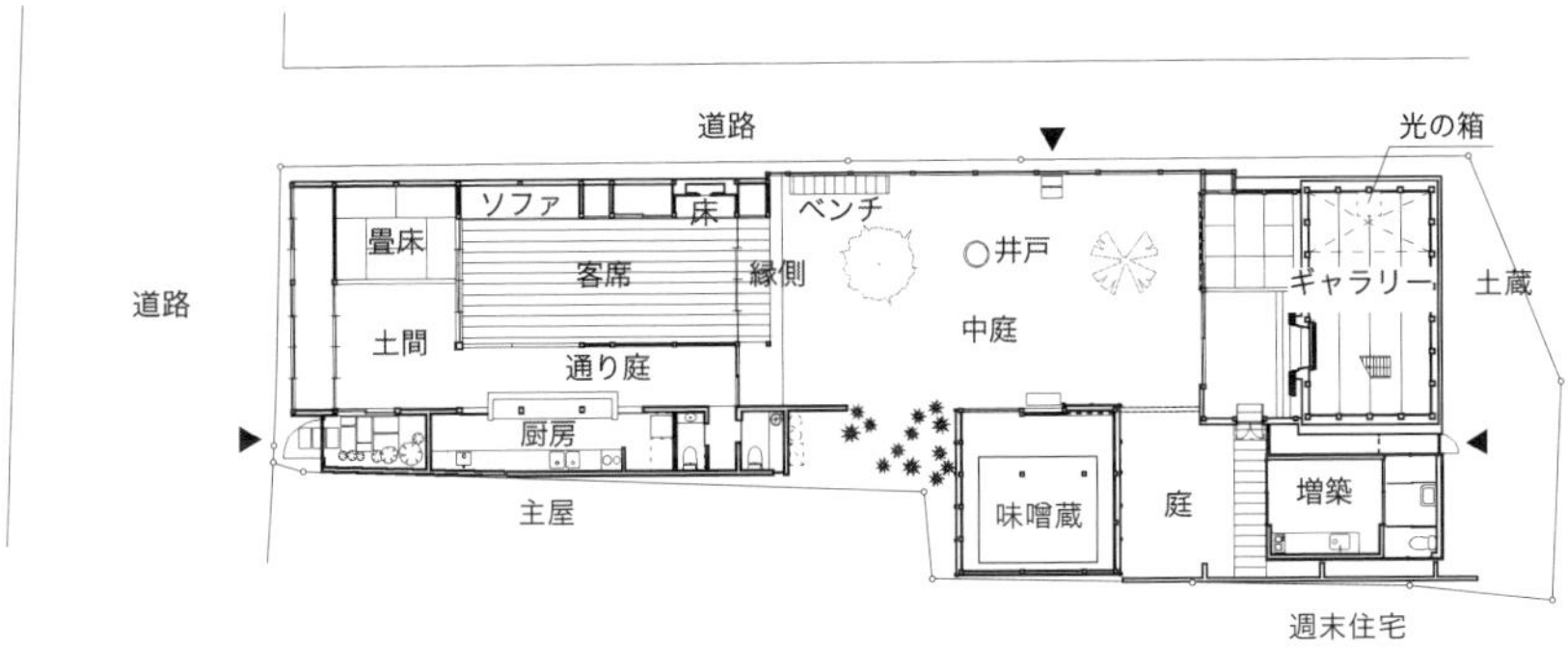

カフェしえとの平面図（改装後）

カフェしえと（概要）

所在地：千葉県香取市佐原イ3382-3
面積：カフェ 主屋：102.22㎡
カフェ 味噌蔵：20.61㎡
土蔵：ギャラリー：63.76㎡
増築：週末住宅：14.00㎡
敷地面積：502.47㎡
竣工：カフェ 主屋　2005年1月
カフェ 味噌蔵　2006年7月
土蔵　2002年8月
設計：郡裕美＋遠藤敏也／スタジオ宙一級建築士事務所
施工：しゅはり　造園：岩城
構造：木造
http://www.studio-myu.com 参照

第3回　Another Sky

ここは、ブラジルの古都サルバドール。1549年にポルトガルの総督府が置かれて以来、1763年のリオデジャネイロ遷都までブラジルの首都として、砂糖産業の拠点として繁栄を極めた。海岸に張り付くようにして建っている旧市街は、ユネスコの世界遺産にも指定されている美しい町だ。石畳の道は起伏に富んだ地形に沿って絡み合い、時折その道幅が広くなって広場になり、人々の集いの場になっている。町には300以上もの教会があり、色とりどりのパステル色に塗られた植民地時代の町並みは、歩いているだけで楽しい。しかし、この美しい町にはたくさんの悲しい思い出が詰まっている。観光の中心であるペロリーニョ広場には、かつてアフリカから強制的につれてこられた黒人を売買する奴隷市場があり、反抗した奴隷を縛り付けてむち打つための塔があった。今も、奴隷の拷問具が展示されている。

この町のはずれに半分海に埋もれた美術館がある。ミュゼオ・アート・モデルナ。バヒア近

奴隷が収容されていた「センザーラ」。砂糖工場跡の地下部分。現在は、バヒア近代美術館として使われている。

反抗する奴隷を幽閉した独房。「センザーラ」の一角にある。

代美術館だ。17世紀に建てられた砂糖工場が、建築家リナ・ボバルディの手によって1966年に美術館に改装された。リナというと、日本ではあまり知られていないが、ここブラジルでは、とても有名な女性建築家だ。打設の跡が生々しく残る荒々しいコンクリート、構造的で大胆な形態。その作風は「女性的」とはほど遠く、力強くダイナミックだ。巨大なピロティを持つサンパウロ近代美術館MASPやアナーキーなブリッジが貫入するSESC POMPEIAなどが有名だ。

今回、その美術館で作品を作るために、はるばるこのサルバドールの地にやってきた。カーニバルも終わり、もう夏も終盤だというのに(ブラジルは南半球なので、11月から3月が夏)、天空から降り注ぐ太陽の日差しは想像を絶して強烈だ。海岸沿いのハイウェイを外れて急な石畳の坂を海に向かって降りると、小さな広場を囲うようにしてその美術館が建っていた。1階と2階は、かつての砂糖工場主の大邸宅で、高い天井の贅沢な空間。そして地下はセンザーラと呼ばれる、奴隷が住まわされていた劣悪な場所。すり減った石の階段を下りてセンザーラに入ると、おもての暑さとは裏腹にぞっとするほど冷んやりとしていた。

煉瓦と石でできたアーチの開口部には鉄格子がはまっており、そこから目の覚めるような蒼い海が見える。暗い過去を持つその場所と、言葉では表せないほど美しいその景色を見ていたら、複雑な思いに包まれた。ここに何十人、何百人という奴隷が自由を奪われて収容されていたのだ。鉄格子の内側から、どんな気持ちでこの海を眺めていたんだろう。ここでいくつの命が生まれ、なくなったのだろう。

その一角に、反抗した奴隷を閉じこめるための小さな独房があった。石でできたドーム型の天井も床も真っ黒に塗られている。そしてその闇の中に小さな鉄格子の窓がはまっていた。恐る恐るその独房のまん中に立ってみる。ここに鎖でつながれていた奴隷達の怨念が詰まっているような気がし、思わず身震いした。鉄格子の窓を見ると、向かいの倉庫の白い壁が見える。でも、外光が強すぎて焦点を合わせることさえできない。その鉄格子をじっと見ているうちに涙がにじんできた。わたしの中で、時間がタイムスリップしていった。何百年もの間に降り積もった雨、ここで流された汗や涙。そこが悲しみの海に変わってゆくような錯覚を起こした。

わたしは、独房の床に水を張り、そこに空を映す作品を作ることを思いついた。鑑賞者は、ドアを開けて作品を鑑賞する。通常の目線の位置からは、鉄格子の窓の外は、ホワイト・アウトし、何の景色も見えないが、床に水を張ることによって水面に空が映り込み、独房に新しい景色が生まれるのではないかと思った。

実際に水を張ってみると、空は思ったよりもずっと鮮明に映り込んだ。青く透きとおった空、ぽっかり浮かぶ白い雲、風になびくヤシの葉。ビビッドな映像が水面に現れた。今まで、暗くて寒々しかった独房にひと筋の光が差し込んだ。

独房の窓からは中庭の白い壁以外、何の景色も見えない。しかし、試しに床に水を張ると水面に青い空が映り込んだ。

夜は、独房の小窓の外側に群青色の布フレームを降ろして、庇をつくる。上部から青い光で照らすと独房内の水面にその群青色の光が映り込む。

あたりが夕闇に覆われる頃、群青色の布フレームを窓の外側の上部に吊り、それを青色の電球で照らす。すると夜の間は、暗い水面に青い光が生け捕られ、抽象の空が静かに息づく。こうして、昼と夜、それぞれ違った空の景色が楽しめる作品ができあがった。

奴隷制度が廃止されて100年たらずのブラジル。その悲しい記憶はいまだに人々の心に強く刻まれている。展覧会オープニングの当日、多くの人々が訪れ、涙を浮かべながら作品に共感し、賞賛してくれた。この作品を作って良かったと心から思った。

わたし達は、皆、様々なものに囚われて生きている。先入観や既成概念。恐れや煩悩、目に見えない鉄格子に囲われている。でも、少し視点を変えるだけで、新たな展望が生まれる。この作品を通じて、そんなことを感じてもらえたらいいなと思った。場所性にこだわった作品を作りながら普遍的なテーマに迫ること、それが、サイトスペシフィックなアートインスタレーションの醍醐味のひとつだと実感した。

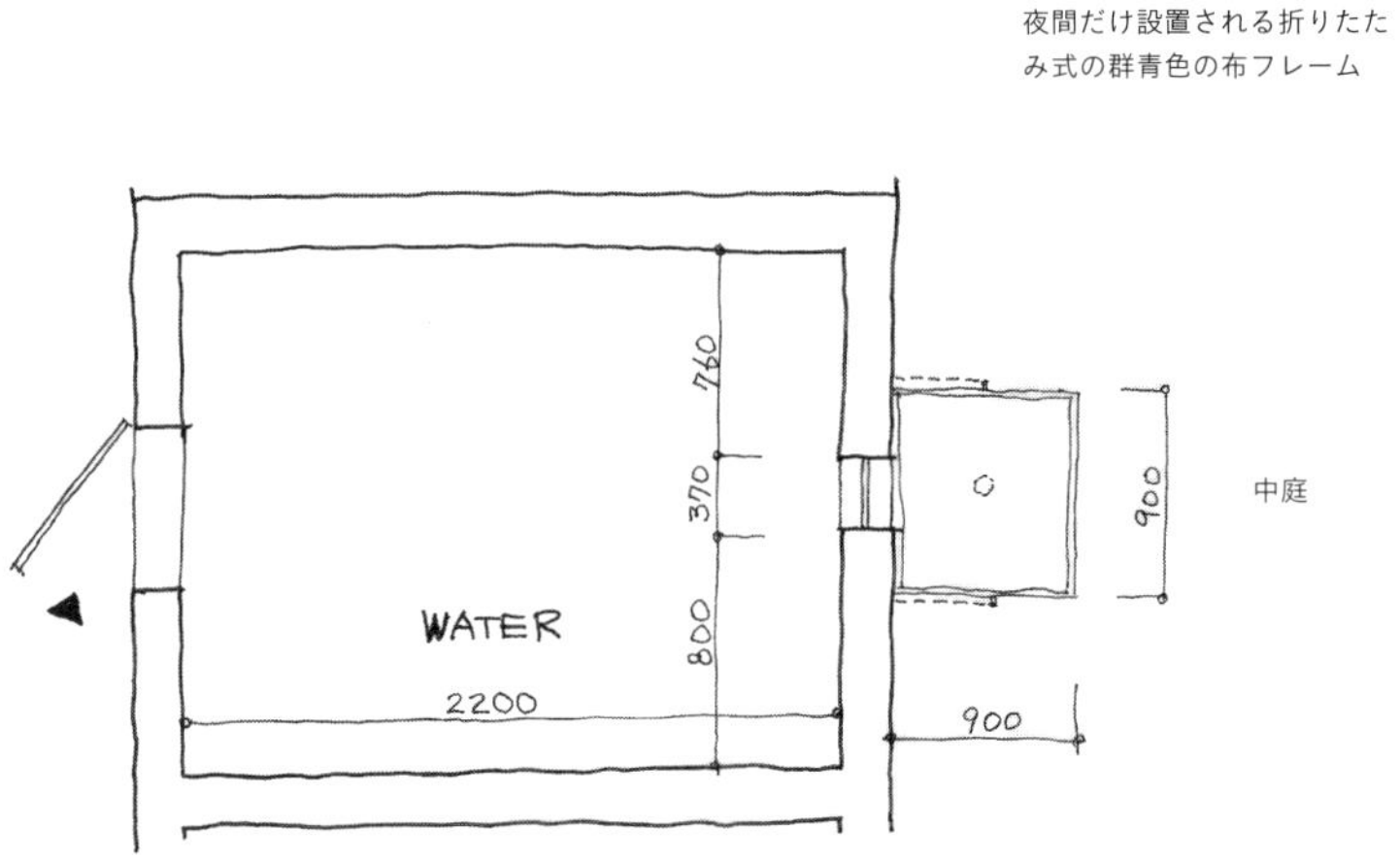

Another Sky
平面図スケッチ

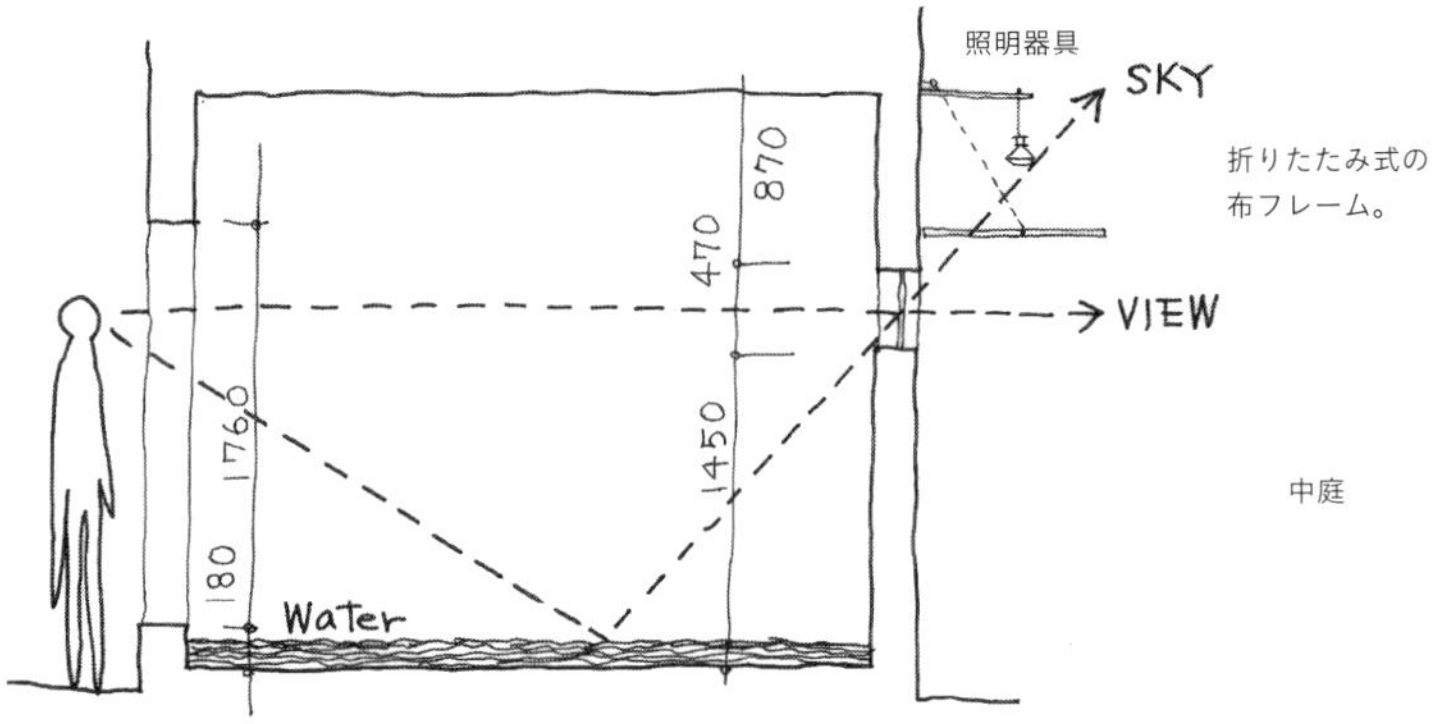

Another Sky
断面図スケッチ

第4回　増殖し、自然と一体化する建築

ブラジル・イタパリカ島に住む建築家の自邸

さっきまで晴れていた空が、みるみる薄ネズミ色の雲に覆われたと思うと、大粒の雨が音を立てて空から落ちてきた。傘を持たずに出てきたことを後悔する間もなく、あっという間に周りの景色が真っ白になるほどの超強力なシャワーになった。急いで近所の家の庇に走り込む。豪雨は5分ほど続くと、何もなかったかのように再び青空が現れた。道はどろどろになり、びしょびしょに濡れたズボンの裾が足にまとわりつき気持ちが悪い。

私達はやっとの思いで、建築家パスカリーニョ氏の家にたどり着いた。ブラジルの古都サルバドールからフェリーで1時間ほどにあるイタパリカ島の海岸沿いに建つその邸宅は、外からは様子が伺い知れない。唐草模様の鉄扉の向こうに、鬱蒼と生い茂っている熱帯性植物が見えるだけだ。表にはドアベルもない。門の外で途方に暮れて立ちすくんでいると、肌触りが良さそうな白い木綿のシャツを着た老人が現れ、にこやかに迎え入れてくれた。それがパスカリー

ニョ氏本人だった。がっしりした体つきで背筋がしゃんとして、とても70才を過ぎているとは思えなかった。

庭の緑は、先ほどの雨で瑞々しく輝いている。老建築家の後に続いて古い石敷きの露地を歩くと、程なくツタに覆われた蔵のような建物にたどり着いた。「この建物はもともと、ここの外海で多くとれた鯨の油を貯蔵するため、19世紀に建てられた蔵だったんです。それを私が買い取って手を加えました」。建築家の自邸を訪れたはずなのに、まるで廃墟のようだ。半信半疑のまま中に入る。そこには、古い教会の柱や手摺り、祖母から受け継いだ手の込んだ置物など、様々なアンティックがインテリアに組み込まれ、まるで小さな美術館の展示室のようだった。彼は、自分の子供の自慢でもするように、それらひとつひとつの蘊蓄を説明し始めた。まん中には、自身でデザインしたユーモラスな蛇のテーブルも置いてある。

階段を上ると、こじんまりした応接室に出る。6畳ほどの広さだろうか。趣味の好いソファセットが置いてある。バルコニーからは敷地全体が見渡せ、庭の緑が美しい。一段上がったところにベッドひとつがかろうじて入る小さなゲストルームがあり、窓いっぱいに真っ青な海が拡がっていた。スケール感が体にしっくり寄り沿う気持ちのいい空間だ。応接室からさらに3段ステップを上がると、開放的なライブラリーに出た。ここは、屋根の垂木を見せて半外部的な感じをデザインしてあり、壁はポリカツインでできている。もともとデッキテラスだったら

こじんまりとして、落ちつく2階の応接室。

骨董品が調和し、美術館のような玄関ホール。自作の蛇のテーブルが目を引く。

開放感のあるライブラリー。

緑色のネットで囲われたリビング。庭の緑が室内に溶け入る感じ。

しい。

その奥にあるちょっと閉鎖的な感じの仕事場を通り抜けると部屋は一挙に全方向に拡がった。3段下ればリビングへ。そして上階へ上がる階段。浮かぶ書斎コーナー。その先にはダイニングキッチンがある。空間が上下左右、全方向に流れるように拡がってゆく。L字形のおおきな窓には緑色の網戸ネットがはられ、不思議な空気感を醸し出していた。庭と部屋を隔てているが、その硝子でもない開け放しの開放感でもない緑色の半透明な壁で包まれた空間は何とも言えず居心地よかった。

3階は、小さな前室付きの寝室。ここからは、庭の緑と海が両方向に見渡せる。建具には絵が掛かっており、閉めたときに壁として見えるようなデザインになっている。

老建築家は、私達をさらに空間の先へ先へと導く。バルコニーに出ると、4階へ上る外階段があった。そこは、展望台。海を眺めるための気持ちの良い寝椅子が作り付けてあった。

不思議な感覚だった。どこにいても全く閉塞感がない。思いつくままに内側から空間を増殖させながら造った住まいなのだ。家の中を歩き回ると、まるで映画のシーンが展開するように風景が拡がる。どこにいても「建物が建てられた感じ」がしないし、建築の構造を感じない。シークエンスが作り出す時間の流れだけが感じられる。こんな素敵な建築に、ブラジルの小島で出会えるとは思ってみなかった。

海を望む最上階の展望台。

寝室の前に海と緑を望む寝椅子がある。写真はパスカリーニョ氏。
(Pasqualino Magnavita)

「最初は、海辺の別荘としてこじんまり建てるつもりだったんです。でも、ここに暮らしている40年の間、思いつくままに増築を重ねてしまいました。クライアントのために住宅を設計する時は、最初にすべて計画して設計しなければならないから、こういう訳にはいきません。みんなそれぞれ要望がありますからね。トイレの数とか、部屋の大きさとか。でも、自分の家は、彫刻作品を作るように感性に任せて造りました」。

家族を一度も持ったことはないというパスカリーニョ氏。部屋に置いてあるユーモア溢れる家具や小物は、とても男所帯とは思えない。この家は、彼ひとり暮らしにしては、はるかに大きすぎ、必要のない場所もたくさんある。でも、どこにいてもそれぞれに美しい風景が広がるこの住まいには、新築では成し得なかったであろう、おおらかで自由な光が、降りそそいでいた。

外観。ジャングルのような庭が見えるだけで、建物は外から見えない。

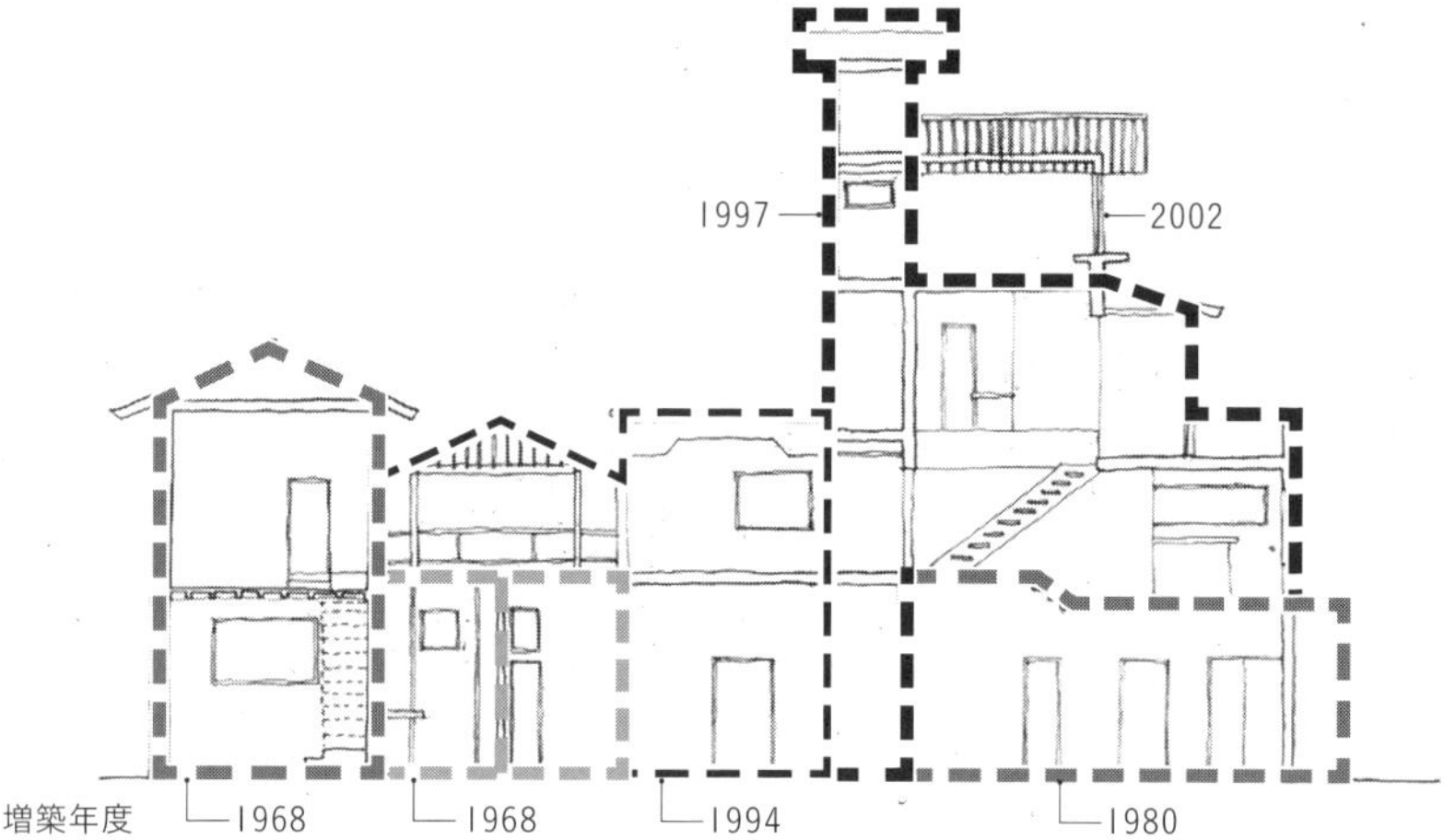

パスカリーニョ邸の増築プロセスがわかる断面図。

第5回　ニューヨーク、病院建築体験記

ニューヨーク滞在中、救急入院することになった。アメリカの病院建築を患者として身をもって体験し、いろいろなことを考えた。よい機会なので、ニューヨーク、病院建築体験記を書いてみようと思う。

急な腹痛に襲われ、やむを得ず近くの病院に走った。米国では有名なマウントサイナイという総合病院だ。EMERGENCYと書かれた入口に入ると、プラスチックの赤い椅子が並ぶ無愛想な待合室があった。各椅子には肘掛けが付いており、救急患者が横になれないデザインだ。痛みをこらえながら堅い椅子に座って待つ。しばらくして呼ばれたのは、取調室のような小さな部屋だった。普段着を着た中年女性から簡単に問診されたあと救急病室に案内された。

煌々と光る蛍光灯の下、部屋の両側の壁に沿って30台以上のベッドが並び、入りきれないベッドがその前にもう一列重なって置かれている。各ベッドは、カーテンで仕切られた空間に配

置され、付添人もその幅1・2m奥行き2・1mほどの小さな空間に一緒に詰め込まれる。棚ひとつないので、着替えた服などは手渡されたビニール袋に入れて床に直に置くしかなく、院内感染が心配だった。真ん中にオープンなナースステーションがあり、病室は巨大なワンルームのつくりだ。救急病棟には、ひっきりなしに患者が運び込まれ、看護婦、医者、様々な人々がひしめき合っていた。

ベッドに寝かされてしばらくすると、ここがナイチンゲールの考案した病棟のレイアウトに似ていることに気がついた。患者は皆、ナースステーションの方を見ており、ナースからも患者をすべて見渡せる構造だ。長時間待たされている患者が、看護婦の動きを常に見ることによって、安心感が得られることを実感した。また、窓ひとつなく、天井高も低い閉塞的なこの場所で、人々が働く風景を見るのは気が紛れた。

何をするにも多大な時間がかかった。深夜にここに着いてから、検査をし、診断が下り、入院が決まって一般病床に移れたのは、翌日の夜7時を回っていた。結局、救急病棟に20時間近く居たことになる。こうなると、救急病棟も患者にとっては居住空間と言っていい。快適さを考えた空間が必要だと思った。

私がわりあてられた病室は東棟9階の2人部屋で、カーテンで仕切られたコーナーは、幅2・4m奥行き3・6mほどのゆったりした空間だった。テレビはベッド前方の壁上部に設置

マウントサイナイ病院。

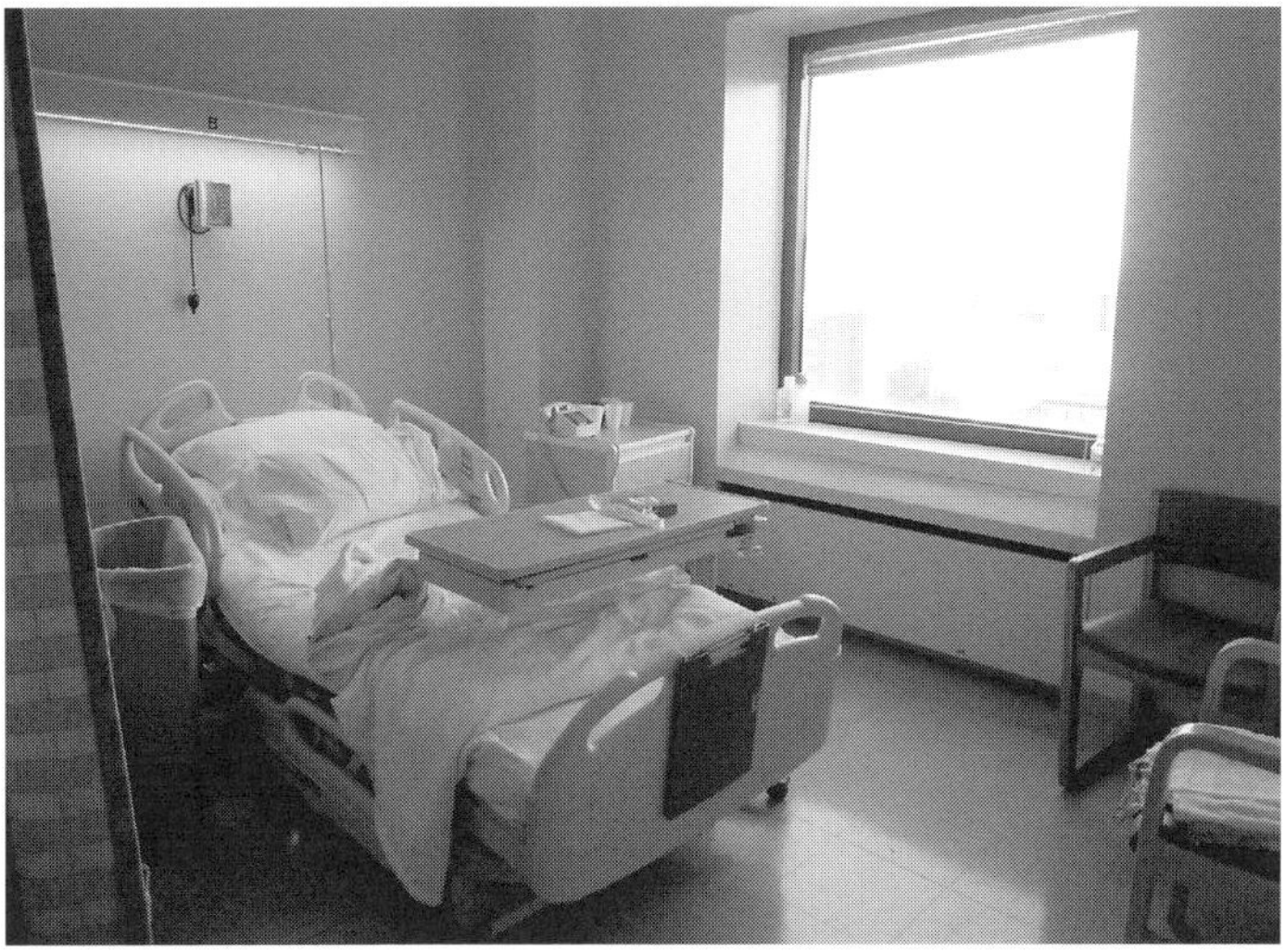

9 EASTの病室。窓からは、イーストリバーの絶景が見える。

してあり、日本のように各自のベッド脇にあるよりも角度的にずっと見やすかった。ベッドは、高さや背もたれ、脚の角度などボタン一つで簡単に変えられ、とても便利だった。また、可動のテーブルの天板は2段のスライド式になっていて、食事の時だけ広さが倍になる仕組みになっており、とても使いよかった。しかし、部屋には小さな可動式の引き出しがあるだけで、コートを掛ける所もなくて困った。また、部屋にはトイレとシャワーが付いていたが、溲瓶類がむき出しに置いてあり閉口した。便器は、壁掛けタイプで掃除しやすく設計されていたが、設置の高さが異常に高くてとても使いづらかった。シャワー室の入口も10㎝ほどの段差があり、車椅子使用はむずかしい。

眠れない夜だったが、幸い窓側のベッドだったので、大きな窓からイーストリバーを望むマンハッタンの夜景が見えた。月の光にてらされる街、朝焼けに染まる水面、一晩中、刻々と変わる風景を見ているうちに心が癒されていくのを感じた。体が病んで動けない患者にとって病床の窓から見える景色がいかに大切なものか実感した。

翌朝、少し気分がよくなったので点滴台を転がしながら病院を探検することにした。この病院はセントラルパークに面し、全米で最も富裕とされるアッパーイースト地区と、それとは対照的なハーレム地区との境界にある。専門医療のためのベッド数１１７１床と、１８００人以上の看護婦を擁する。２００９年の調査では、全米ベストの病院に選ばれたらしい。

エレベーターで1Fに降りると、町と病院、大学棟と病院棟を繫ぐアトリウムロビーはスキップフロアになっていて、開放的で気持ちよさそうなカフェがあった。また、西病棟、中央病棟、東病棟は、それぞれ45度に振られ、その隙間にさらに2つのアトリウムが設けられている。昨日見た救急病棟の粗末で閉塞的な空間が同じ建物の中に存在しているとは、とても信じられなかった。しかし、その後、散策を続けるとさらに驚くことになった。総務や会計、医療情報を取り扱うオフィスはすべて窓一つなく、天井に配管が露出した工事現場のような地下にあった。地上の楽園とその下に広がる劣悪な地下空間が対比された映画「メトロポリス」を思い出した。

探検を終えて病室に戻ると、どこからともなくオペラが聞こえてきた。その美しい歌声につられて患者用アトリウムに向かう。なんと本物のコンサートを行っているではないか。その圧倒的な迫力に感動して呆然と立っていると、ひとりの女性が駆け寄ってきた。飲み物もスナックも用意しているからと、私の背中を押すようにして最前列に連れて行かれた。不思議なことに数十人の観客の中で、患者らしいのは私だけだった。あとは病院の職員か外部の客のようだ。確かに、ぴかぴかに磨かれた真白の大理石でできたその空間は、患者用ガウンで入るには気後れする場所だった。

その後、チェロ独奏、ブロードウェイのミュージカル歌手の演奏が続き、どれも本当にすば

アトリウムロビー(エントランス)。

配管が露出した工事現場のような地下の事務所エリアの廊下。

らしかった。年に4回SING FOR HOPEと題し、世界一流のミュージシャンのボランティアによって行われるコンサートらしい。中央病棟と東病棟の間にあるこのアトリウムには、木々が植えられてベンチもあり、冬でも使える気持ちよい中庭だ。できれば、もう少し暖かみのある内装にして欲しかったが、病院内にこんなパブリックスペースがあるのは本当にすばらしい。私は、すっかり元気な気持ちになった。

しかし、ロビーやアトリウムには、贅沢な空間と材料をふんだんに使っていながら、医者や患者にとって最もストレスのかかる救急病棟や、一日中デスクの前で働く事務方の人々の職場環境をないがしろにする設計に大変疑問を感じた。予算の少しでもいいから、それらに使えなかったのだろうか。設計者は、その建物を使うすべての人の快適性を考えて設計する義務があると思う。

退院してから調べてみると、世界的に有名な建築家I・M・ペイの設計だということがわかってびっくりした。しかも、この建物は複数の建築賞を受賞している。

幸い、病気は大したことなく、翌日には退院許可が出た。思わぬ体験を通じて、病院建築の大切さを体験できた。早く日本に帰って人の心を癒す建物の設計をしよう。そう心に誓って、病院を後にした。

Sing for Hopeシリーズのコンサート。グランドピアノにミュージカル歌手の歌声。病院とは思えない晴れがましいアトリウム。天井は高く、白い大理石床のゴージャスな内装。

建物概要

建物名称 : The Mount Sinai Medical Center
設計 : I. M. Pei & Partners services
延べ床面積 : 83,612㎡
工期 : 1992年4月竣工

建物詳細

アトリウムロビー　1,114.780㎡
患者用アトリウム　273㎡（7－11階吹き抜け）
2人部屋192室、個室175室、ICU66床、手術室22室（4,366㎡）
救急病棟　1,393㎡
カフェテリア　1,486㎡
オーディトリアム（194客席）
チャペル

第6回　メキシコで出会った茶の心

交通渋滞で排気ガスの充満したメキシコシティから車に揺られて約1時間。ここは、アフスコという小さな町。あたりは、閑散としていてほとんど人影を見かけることもない。たまに道を歩いている人達は日焼けした肌に地味な服装だ。「つきましたよ。」裏千家メキシコ出張所の所長、日暮さんの運転する車が石塀の前で静かにとまった。石積みは2メートル以上もあり、閉鎖的だ。そこに、風雨にさらされて灰色になった古い木戸があるだけで、中の様子はまったくうかがい知れない。半信半疑のまま車から降りると、粗末な木戸が静かに開き、初老の男性が現れた。がっしりした体に柔和な表情、お寺の住職のように人を包み込む優しい雰囲気を持った人だった。

「ウェルカム。」ロベルトさんに迎え入れられて門をくぐると、おもての殺伐とした雰囲気とはうって変わって、穏和な静けさを感じた。露地の先にある玄関を入り、タイル貼りの廊下を

天井の高い居間。火鉢をかこんで座布団がある。

清水寺に着想を得たという縁側バルコニー。つきあたりに書斎がある。

通り抜ける。案内されたのは、天井の高い居間だった。部屋の真ん中には、大木をくりぬいてつくられた大きな火鉢があり、その周りを囲むようにして大判の座布団が敷いてある。手前にピアノやソファなどの調度品、突き当たりの壁には大きな暖炉もあった。皮付きの古木を使った回り階段で上がる屋根裏のライブラリーは隠れ家のようで楽しい。ロッキングチェアは、メキシコを代表する女流画家、フリーダカーロの形見だという。ロベルトさんの叔母にあたるらしい。

傾斜地に建っているため、居間の前にある縁側はバルコニーとなり、そこから手入れの行き届いた庭と、遠くの山の景色が臨める。深い軒のある縁側の端は室内化され、広縁の書斎となっていた。こんな居心地良さそうな書斎は見たことがない。その奥には、天井の高い農家のようなキッチン、家の裏にまわると、龍安寺のような石庭まである。一見ばらばらなものたちがロベルトさんの感性によって組み合わされ、見事なハーモニーが生まれていた。ハシエンダと呼ばれるメキシコの荘園の古い建物の古材を集めてつくったという住まいは、しっとりした優しい空気が流れ、実に居心地の良い空間だった。時代を経たものが持つ何ともいえない暖かみを感じ、初めての場所なのに懐かしさを覚えた。

「お茶室に行きましょう。」ロベルトさんに促されて玄関に戻り、階段を下りる。ひんやりした薄暗い土間を通り抜けると、見事な池のある庭に出た。見上げると、先ほどの縁側バルコニ

縁側のつきあたりにある、きもちのよい書斎。

家の裏にある、手入れの行き届いた石庭。

ーが片持ちのコンクリート梁で支えられている。清水寺に着想を得てつくったというだけあって見事だ。

庭の木戸を開けて外露地に出ると、お寺の境内のような幅広い石畳の階段があった。階段の途中にある中国風な丸い門をくぐり抜けて、さらに歩を進めると大きな門があり、そこで外露地は終わる。大きな木戸を開けて外に出ると花壇が広がる庭があり、一挙に視界が開けた。その左手に竹垣が見える。この中に、二つのお茶室があった。それぞれに、中門、腰掛け待合い、蹲《つくば》い、雪隠も備えられ、庭には瑞々しい苔が生えていた。乾燥したメキシコの地でこのような美しい苔を育てるため、特別の灌水システムを設計し、地中に給水管を埋めこんであるらしい。

「22才の時にこの土地を見つけ、それから22年間かけて建物をつくりました。」ロベルトさんが静かに話し始めた。まず、全体計画をつくり、それに合う古材を集め、それを組み立てていった。毎年のように京都に出かけ、気に入った建築の写真を撮り、スケッチを描き、独学で日本建築を勉強した。

どうしてお茶室をつくることを思いついたのか質問すると、意外な答えが返ってきた。

「サンフランシスコを旅した時、偶然、紀伊国屋書店に入り、壁に掛かっていたカレンダーにあった待庵《たいあん》の写真を見たのが茶室との出会いでした。見た瞬間、どうしてもつくりたいと思ったのです。」そこで本を買い求めたロベルトさんは、日本語も読めず、尺寸の意味もわからな

家から茶室へ至る外露地。

忘筅庵外観。写真をもとに作った待庵の写し。

忘筌庵へ入る中門。

忘筌庵腰掛け待合い。

蹲い。

忘筌庵茶室内部。夢の軸が掛かっている。この日、床に飾られていたのは、New York 裏千家茶の湯センター前所長の山田尚先生の形見だった。

いまま、写真だけを手がかりに設計図なしでこの茶室「忘筅庵《ぼうせんあん》」を建てたという。「写真の中に見える茶碗や人の大きさを分析しながら畳の大きさを割り出したんです。結果的に全体で3センチの狂いができましたが、ほぼ正確な待庵の写しができあがりました。」話を聞いているうちに、これが、千利休が設計したと謂われのある現存する最古の茶室、国宝待庵と同じくらい貴重な茶室に思えてきた。

茶室が完成すると、ロベルトさんは茶道を習うことを決心した。しかし、どこに行けば茶道を習えるのか見当も付かない。いろいろ探した結果、やっとのことでニューヨークに裏千家茶の湯センターがあることを知り、その門をたたく。メキシコシティからニューヨークは、飛行機で数時間かかる。

「年に2回、通ってお茶を勉強したい。」ロベルトさんのその情熱に感動した当時の茶の湯センターの所長、山田尚先生は、その晩、茶道の稽古を教えるのではなく、ロベルトさんに寿司をごちそうした。山田先生は、一期一会を大切にする茶道のこころを教え、彼らは大親友になった。そして、メキシコシティにある裏千家の所長である日暮さんを紹介した。それから、20年以上もの間、毎土曜日、ロベルトさんは欠かさずお茶のお稽古をしているという。

その後、ロベルトさんは、もうひとつ「寸暇楽《すんからく》」というユニークな4畳半のお茶室を建てた。メキシコのミチョアカン州にあるトロへと呼ばれる古い農家に着想を得たもので、メキシコ初の鉄道で使われていた枕木を二つに割り、それをログハウスのように積み上げて壁をつくり、屋根は日本式の萱葺きだ。外壁は古い枕木の表面、室内側は割られた枕木の内部が現れている。木の組み方などは、ミチョアカンの伝統的な工法を取り入れ、日本のものとは全く違う。それなのに、そこに障子がはめられ、畳が敷かれると、流れる空気はまさにお茶室のそれだ。銘木店で材を買い「茶室」をつくる昨今の日本にくらべると、なんと茶の根源に迫った建築だろう。

「何百年も前の枕木を2つに割ってみたら、木の内部はまだフレッシュで本当にびっくりしました。見た目が古くても中身は若い。そんな人間になりたいです。」ロベルトさんが言った。ロベルトさんと並んで4畳半に座り、その古くて新しい壁をじっと見ていたら、かつてこの枕木の上を旅した汽車の音、町の喧噪、川のせせらぎ、人々の歓声、様々な音が聞こえて来るような気がした。

新と旧。静と動。メキシコと日本。この建築に閉じこめられた壮大な時間と空間を感じ、メキシコで茶道の神髄に出会った。

寸暇楽とロベルト（Robert Behar）さん。

寸暇楽内部。壁は、枕木を半割にしたもの。

第7回　ニューヨークの一期一会

２００９年、桜が満開の朝に、ニューヨーク裏千家茶の湯センター元所長の山田尚先生が静かに亡くなられた。今回は、その山田先生の一周忌にちなんで、先生との出会い、ニューヨークにある裏千家茶の湯センター祥雲庵について書こうと思う。

私が初めてそこを訪れたのは、今から15年前。コロンビア大学の建築学科で日本建築のセミナーを教え始めた頃だ。学生達を連れてアッパーイーストサイドにあるお茶室を訪ねた。外観は、高級住宅街の街並みにしっくりとけ込んだ美しい煉瓦造りの建物だった。ここは、19世紀に建てられたcarriage houseつまり馬車を入れる駐車場付きの建物だったそうだ。その後、画家のマーク・ロスコのアトリエとなり、ロスコは、ここで亡くなったらしい。１９８０年に裏千家が買い取り、茶の湯センターに改装した。中庭にガラス屋根をかけて茶庭にし、その周りに8畳と10畳の続き間、7畳、4畳半と3つのお茶室を造った。一度、京都で建物を組み立

裏千家茶の湯センター外観。美しいランドマークの建物。

エントランスホールの一角にある図書室。

てから、材料すべてをコンテナーで運び、日本から職人を呼び寄せて造ったという。

“I need your help”これが、Tea Master 山田先生の最初の言葉だった。英語では、主人のことをTea Masterと呼ぶ。エントランスホールの一角にある図書室で、「和敬清寂」というお茶の心を説明され、「ここにいる全員の助けがなければこの場にハーモニーは生まれない、野に咲く花のように素直な心になるように」と言われた。先生の声には不思議な力があって、初めてTea Ceremony（日本の茶道）に接する学生達の意識の中に、言葉が静かに浸透してゆくのが感じられた。皆の心の準備ができたころ、祥雲庵の扁額がかかる敷瓦の玄関に案内され、先生がゆっくり格子の引き戸を開けられた。私たちは靴を脱いで上がり、その右手にある狭くて急な階段を昇った。トンネルのような渡り廊下を歩き、さらにその先の階段を下りると一挙に視界が開け、茶庭が見える畳縁に出た。踏み石には打ち水がされ、腰掛け待合いや枝折戸に柔らかい光が落ちている。私たちは、「日本建築」にワープした。露地の見え隠れのジグザグ動線の形が、平面から立体的に翻訳され、さっきの階段が見事に露地の役割を果たしているのに感心した。

広間に通され、そこに20人近くの学生が一列に並んで座ることになった。正座はもとよりあぐらをかくことさえできない学生が半数ぐらいおり、居心地悪そうにしている。

「土壁、障子に、もたれかからないで！」思わず発した自分の言葉にびっくりしながら納得

祥雲庵玄関。右手に見えるのは、露地口。

玄関を入ってすぐ横の急な階段。露地口を通す為に設けられたしかけ。

広縁から露地、枝折戸、腰掛けを見る。

広間茶室内観。8畳と10畳の続き間。

した。そうか。アメリカの建築には、人が寄りかかってはいけない繊細な壁や建具は存在しないのだ。

しばらくすると襖が静かに開き、和服を着た日本女性の無駄のない美しい動きで点前が始まった。学生達は、まるでダンスでも見ているように魅入っている。やがて鉄瓶の湯がたぎり、松風の音が静けさに滲み、学生ひとりひとりに菓子とお茶がふるまわれた。床の間の拝見、茶の飲み方、お辞儀の仕方など茶道の作法を習い、私たちは、Tea Ceremonyを楽しんだ。

中庭に沿って畳縁をぐるりと回って薄暗い水屋廊下を通り、今度は4畳半の茶室に通された。床の間、化粧屋根裏に突上げ窓、にじり口や下地窓もある。生徒達はすっかり山田先生の魔法にかかり、皆、障子や壁にぶつからないよう、自分の体の隅々まで意識を覚醒させ、建物や周囲の人たちとの調和を重んじる立ち居振る舞いを身につけていた。「窓はあえて開けません。この障子の向こうに広がる外の気配を感じ取ってください。」山田先生の言葉で、学生達は瞑想的になり、室内の雰囲気に穏やかさが増した。そのせいか4畳半に十数人が入っているのに、全然窮屈さを感じなかった。

大学に戻って、学生達に感想文を書いてもらった。クラス全員がすっかり茶室の魅力に魅せられていた。足裏で感じた畳の感触、土壁の香り、障子の軽さ、下地窓の影の美しさ、光の柔らかさ。頭でっかちなコロンビア大学の学生が、自らの五感を通して建築を味わっていた。そ

御点前のデモンストレーション。

4畳半茶室内観。躙り口、連子窓、突上げ窓もある。

して、こんな素敵な場所がニューヨークの真ん中に存在していることの奇跡に感動していた。

日本の伝統的な建築とはどんなものかと問われて、その答えを一言で表現するのは大変むずかしい。屋根や軒の形、壁や床の素材、空間の仕切り方など、形態的特徴を上げることはできるが、この体験を通して、私は、建築のあり方そのものがアメリカのそれと違うのだということを再発見した。木と土と紙でできた日本の伝統的な建築は、優しく接しなければならない生き物なのだ。寄りかかるだけで壊れてしまう材料で建築を造るなんて、アメリカではあり得ない話だ。人と人、人と建築が優しく共存しながら調和関係を生み出すもの、それが建築における日本的なるものだと思った。

ニューヨークに滞在しながら、遠く離れた日本について考えると、当たり前と思っていたことが何もかも新鮮に感じられる。ましてや、何も知らないアメリカ人の目を通して、改めて見てみると多くの発見がある。そんな訳で、私は、コロンビア大学で日本建築セミナーを教えることを通じて、逆に多くのことを学んだ。また、何度も学生をつれて裏千家を訪れるうちに、山田先生にも親しくしていただき、茶道の心についても多く教わった。

こうして山田先生の思い出を書いていると、先生がまだあのニューヨークのお茶室でにこやかに微笑んでおられるような気がする。山田先生との一期一会に感謝し、ご冥福をお祈りしながらペンを置く。

庭から畳縁、広間を見る。

山田先生、外腰掛けで。

山田尚（1928-2009）
東京生まれ。15才の時、予科練に志願し入隊。戦後、縁があってアメリカ人の学者Burton Edwards Martinの養子になった。養父を通して裏千家の家元と出会い、その英語力を見込まれ1964年のニューヨーク国際万博で茶道を紹介するために渡米。その後、ニューヨーク裏千家出張所の所長に迎えられ、2008年に引退するまで、世界各地で茶道の普及に努めた。

建物データ（ニューヨーク裏千家茶の湯センター　祥雲庵）

設計：千宗室御家元
担当：根岸照彦（財団法人 今日庵 元営繕部長）
施工：株式会社ミリエーム
大工：植野信廣
竣工：1981年

＊参考文献
Urasenke Chanoyu Center of New York
http://www.urasenkeny.org/

第8回　プレファブ建築の幸せなかたち

ブラジル、SARAH病院

「レレに会うといいよ。おもしろい仕事をしている建築家だから。」友人のその言葉だけを頼りに、何の予備知識もなく彼の事務所を訪ねることにした。住所のメモをタクシードライバーに渡すと、車は市街地を離れ、郊外に向かってひたすら走る。鮮やかなブルーの空は広大で、自由奔放な白い雲が浮かび、力強い太陽が町を照らしていた。ここはブラジルの旧都サルバドール。小1時間走って降ろされたのは、ハイウェイ沿いの巨大な駐車場で、その後ろに工場のような建物があるだけだった。住所を間違ったのかと思ったが、あたりに人気はなく確かめることもできない。勇気を出して中に入ることにした。

エントランスは2階にあった。壁はガラス張りで、そこから階下が見渡せるようになっている。1階はなにかの工場らしく、黄色く塗られた重機の間で青いユニフォームの人々が忙しく立ち働いていていた。受付で用件を告げて、しばらく待つと、建築家Joao Filgueiras Lima

レレ氏の設計したシステムでつくられた歩道橋。サルバドールの町中にたくさんある。円形の柱脚部でブリッジの角度を自由に調節できる。

レレ氏の設計事務所から見る工場棟。広大な敷地に建っている。

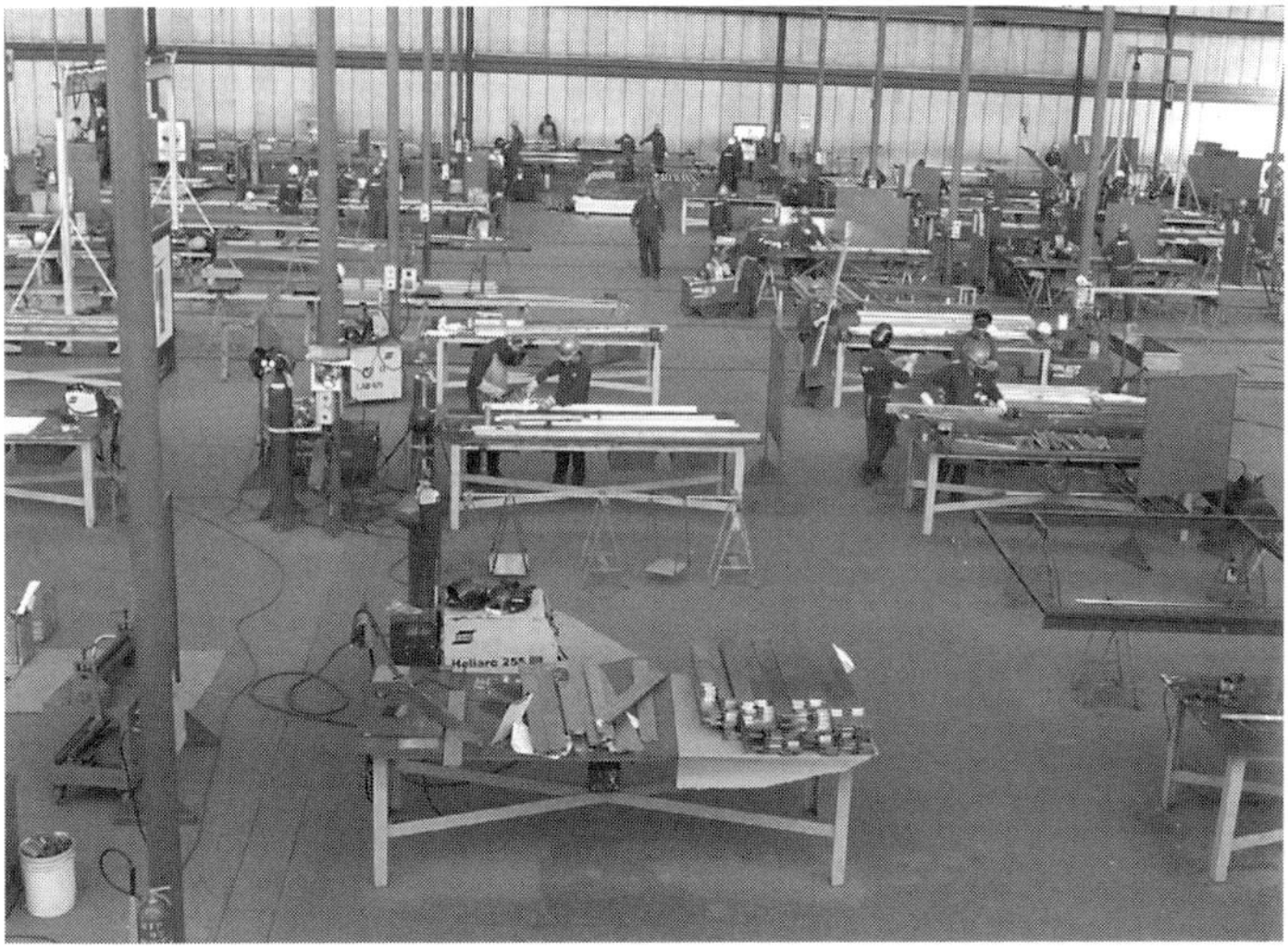

設計部門から照明器具工場部門を見下ろしたところ。

家具工場部門で自分のデザインしたベッドを見せるレレ氏。

（1932〜2014）通称レレ氏がにこやかに現れ、一角にある4畳半ほどの質素な部屋に案内された。そこが、彼のオフィスだった。

「私は、いつも人々のために設計をしてきました。」レレ氏は、自分の仕事についてゆっくりと話を始めた。巨匠オスカー・ニーマイヤーの下で1962年から10年ほど働いた後、独立。その頃、政府の要請でソーシャルハウジングの設計をすることになった。国中に広がるスラムの居住環境を迅速に改善するためには、住宅を大量生産する必要があった。また、国の成長に合わせて学校や歩道橋などの公共施設を何百という単位でつくることが望まれた。そこで、設計システムをつくってプレファブで建物をつくる手法に行きついたという。

1975年、レレ氏は、だれもが快適に治療を受けられる理想的な病院をつくることを夢み、友人の医者、経済学者と一緒にSARAHという組織を立ち上げた。そして、政府の援助を受けてブラジル各地で病院をつくった。ブラジリア、リオ、ここサルバドールなどブラジル全土9カ所で運営されており、誰でも無料で治療を受けられる。これらの病院は、できるだけ安く簡単に建設しながら、質の高い空間をつくるため、やはりプレファブの思想のもとにつくられている。そして、レレ氏は、設計事務所をそのプレファブ工場と合体してしまった。目を丸くしている私に、レレ氏が、事務所と工場の案内を提案してくれた。設計部門は、1階の工場部分が見下ろせる2階にあり、階段で直接下りられる。工場は巨大で、床や壁のプレコンパネル製造から、照明器具、ベッドや椅子の制作まで様々な部門に分かれていた。病院の部品は、ほとんどすべてここで生産されるという。レレ氏は、本当に楽しそうにひとつひとつ説明してくれた。

「それでは、実際の病院を見てみましょう。」まさか、病院まで隣接しているとは！　屋外に出て駐車場の裏にまわると、ケーブルカーの駅があった。これは、一般車両の乗り入れを規制して、病院の良好な環境を保つための計画らしい。これらも全部、彼が設計したという。ガラス張りの未来的なデザインの車両に乗って急斜面を上がると、そこに病院棟があった。連続アーチ屋根の平屋の建物が、アーティストとコラボレーションでつくられた楽しげなデザインの塀に囲まれている。門をくぐると緑あふれる庭で患者さん達がくつろいでいた。庭に連続してテラスがあり、それにつながって病室がある。まるで、リゾート地のコッテージのようだった。天井の高いエントランスホールを通り、病室、図書室、リハビリコーナーなどを回る。館内はどこも連続したカーブ天井になっており、その隙間に、ルーバーとオーニングが組み合わさって、日差しと風のコントロールが手動でできるしくみになっている。自然の光と風が感じられる、開放的で気持ちのよい空間だった。さらにその隣に厨房、食堂、事務室などの管理棟があり、そちらもやはり同じ構造でできていた。

ＳＡＲＡＨ病院は、ベッドの大きさを基準に決めたという１２５０㎜のモジュールを基準に

病院棟へのケーブルカー。

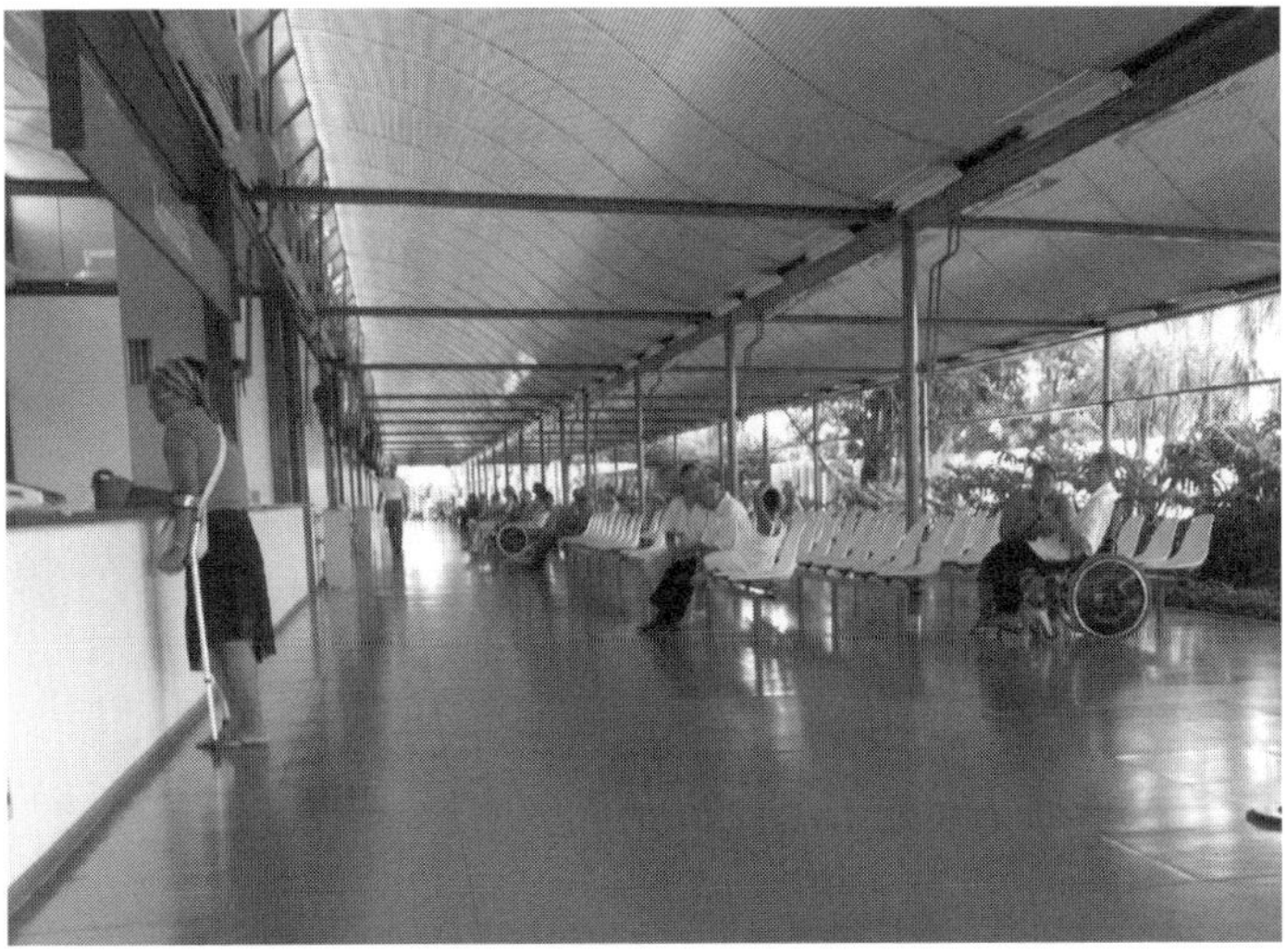

庭とつながるエントランスロビー。

病室前のテラス。深い軒下に患者がベッドごと外に出ていて、気持ちよさそうだった。

テラスの下にある大きな開口部は、外気を気化熱で冷やして屋内に取り入れる為の吸気口。滝の様に流れる水のカーテンとその内側に巨大な送風機がある。

手動で開けるカーブ天井のオーニング窓。熱い空気を逃がすしくみ。

庭に面する病室。屋根付テラスに円形フレームのベッドが見える。

カーブ天井のファン、ルーバー、オーニング窓。

管理棟廊下。庭に面しガラスルーバーがある。

つくられている。床や壁のセメントパネルは、その半分の625㎜幅、グリッドもそれに従っている。高さ方向は、2700㎜と3000㎜の2種類があり、場所によって使い分けているらしい。また、配線ダクトや雨水ドレインなども建築部品と一体化されてデザインされている。すべてモジュールに従ってつくられているため、建物全体に心地よいハーモニーが感じられた。また、部屋の機能にかかわらず、優劣のないミニマルなデザインで統一され、すがすがしい。そこに、ユーモラスなデザインのベッドや椅子、アーティストが作った仕切り壁が色どりを加えている。贅沢な材料は一切使っていないのに、心地よい光と風、緑あふれる風景があるだけで、本当に豊かな空間が実現されていた。

地下に降りると、そこは設備スペースになっていた。どこからか冷たい風が流れて来るので、不思議に思って歩き回ってみると、トンネルのような廊下の先が明るくなっており、そこが外気に開放されているのがわかった。よく見ると、そこに滝のように流れる水のカーテンがあり、その前に巨大な送風機が置かれていた。空気を気化熱で冷やし、地下道に送っているのだ。そして、その冷たい空気は、ダクトを通して上階の病院部分に送られる仕組みになっていた。一方、熱い空気は、カーブ天井の隙間の窓から逃げていく。なんとシンプルで安上がりな冷房システムだ。年間通して30度近い気温が続く熱帯でありながら、手術室等を除いて機械式冷房を使っていないとレレ氏が説明してくれた。屋根のカーブは、病院が建つ各都市の気候や方位に合わせて微妙に違え、遮光や風の動きに呼応する形にし、それが建物の重要なデザイン要素になっているという。

機能的で合理的、すべてがシステム化されたプレファブ建築でありながら、ＳＡＲＡＨ病院は、心身共に人々を癒す理想的な病院建築だった。日本でプレファブというと、商品化住宅など安っぽいイメージがつきまとうが、レレ氏のプレファブ建築は、高いデザイン性と豊かな空間をもつ一級品の建築だった。モニュメンタルな建築をつくることで国民に希望を与えたレレ氏の師匠であるオスカー・ニーマイヤーとは全く違う形で、レレ氏は、建築家として、ブラジル社会に大きな貢献をしてきた。地球の裏側の青空の下で、ひょんなことからプレファブの可能性を再認識することになった。

第９回　想像力を刺激する建築

建築がアートになる瞬間①

改めて言うのも変だが、建築は、総合芸術である。しかし、昨今、私たち建築家に要求されることは、機能的で、安全で、掃除がしやすくて……と、ほとんどが実利的な項目ばかりだ。もちろん、町のシンボルになるようなかっこいい建物が欲しいとか、○○風のインテリアが欲しいとか、デザイナーとして期待されている部分もあるが、それは、私の考えるアートとは少し違う。

建築が本当の意味で総合芸術であり続けるためには、私たち建築家は、いつもアートの視点を持って建物の設計をすすめなければならないと思っている。しかし、それは、建物に壁画を設置したり、彫刻を飾ることでもなければ、美しいファサードをデザインすることでもない。本当の意味での建築とアートの融合は、建築そのものがアートになることだ。

アート作品は見た人の心に作用して、人間や社会、自然や歴史など自分のまわりの世界を新たな視点で見直す機会を与えてくれる。そして、鑑賞者の常識を覆し、想像力を刺激し、新しいインスピレーションを与えてくれる。私は、これが、アートが持つ最も重要な役割のひとつだと思う。たとえばモネの絵画を見たとき、鑑賞者は、そこに今まで見たことのない光の色を見、新しい自然の見方を発見する。アートを通じて、人は、視野を広げ、自然や社会に対する愛を深め、生きる喜びを再確認できるのだ。

私は、このアートの力に着目しながら、アートと建築の融合をはかろうと努力してきた。アート作品が鑑賞者に新しい視点を与えるのと同じように、住み手に新しい視点を与え続けるような建築がつくれないか。人間は、気がつくと何でもすぐに慣れて当たり前になってしまう。でも、住み手の空間認識や日常を見直す機会を与えてくれるような建築があれば、創造的な発想ができ、充実した毎日が送れるにちがいない。

たとえば建物の形が可変で、そこで生みだされる空間が見るたびに変わって感じられれば、人は、既成概念を持つことがなく、自分の居場所をいつも新鮮に感じることができるだろうか。そんな思いから、空間がドラマチックに変化する建物を設計することにした。たとえば「葉山海の家」では、建具の種類や開閉の度合いによって、建物の境界が様々に変化する。それに伴って視線の距離や方向、透過性が変わり、内外の関係性、ひいては部屋の大きさや形まで変わって見える。

これは、障子、襖など可動間仕切りのある日本の伝統的な建物においては珍しい話ではないが、世界ではあまり例を見ない。日本の伝統建築が芸術的観点から世界に高く評価されている理由のひとつは、この空間の可変性にあると思う。しかし、昨今の日本の建築は、このすばらしい伝統を忘れ、壁は壁、部屋は部屋と、空間を一義的にしか認識できない建築が多くなってきた。

しかしながら、現代の密集した都市の中では、先の例のような「境界が可変な建物」を作るのは難しい。そこで考えたのが、「様々な視点を持つ建築」である。たとえば「衣笠の家」では、床の有無、屋根の有無、庭の種類などによって様々な性格を持った場所に敷地を分節し、それぞれの場所を壁や窓、硝子や障子などでつないだ。住み手は生活の中で各部屋を訪れ、同じ場所を違う角度から何度も見ることになる。たとえば玄関から北庭、居間から北庭、茶室から居間へ。視線の方向が変わる度に、庭の印象や大きさの感覚は変化する。様々な視点を持つことによって思考も柔軟になり、いつも新鮮な気持ちで生活できるのではないかと考えた。

次に、前例を発展させ、「シークエンスを考慮して空間の見え方を変える」設計手法を考えてみた。人は、空間を時系列の中で前後の対比によって認識する。茶室のにじり口を潜ると、狭いはずの茶室に広がりを感じるなどはそのよい例だ。そこで、「LOOP A」では、建物の中に高低差、明暗差などを設け、それらを回遊動線でつなぎ、空間を継時的に楽しむ設計をし

葉山海の家。リビングの建具を全部引き込むと内外が一体化し、水庭・テラスは部屋の一部のように感じられる。

リビングの墨染の障子を閉めると庭は囲い込まれ、空間はL型になる。

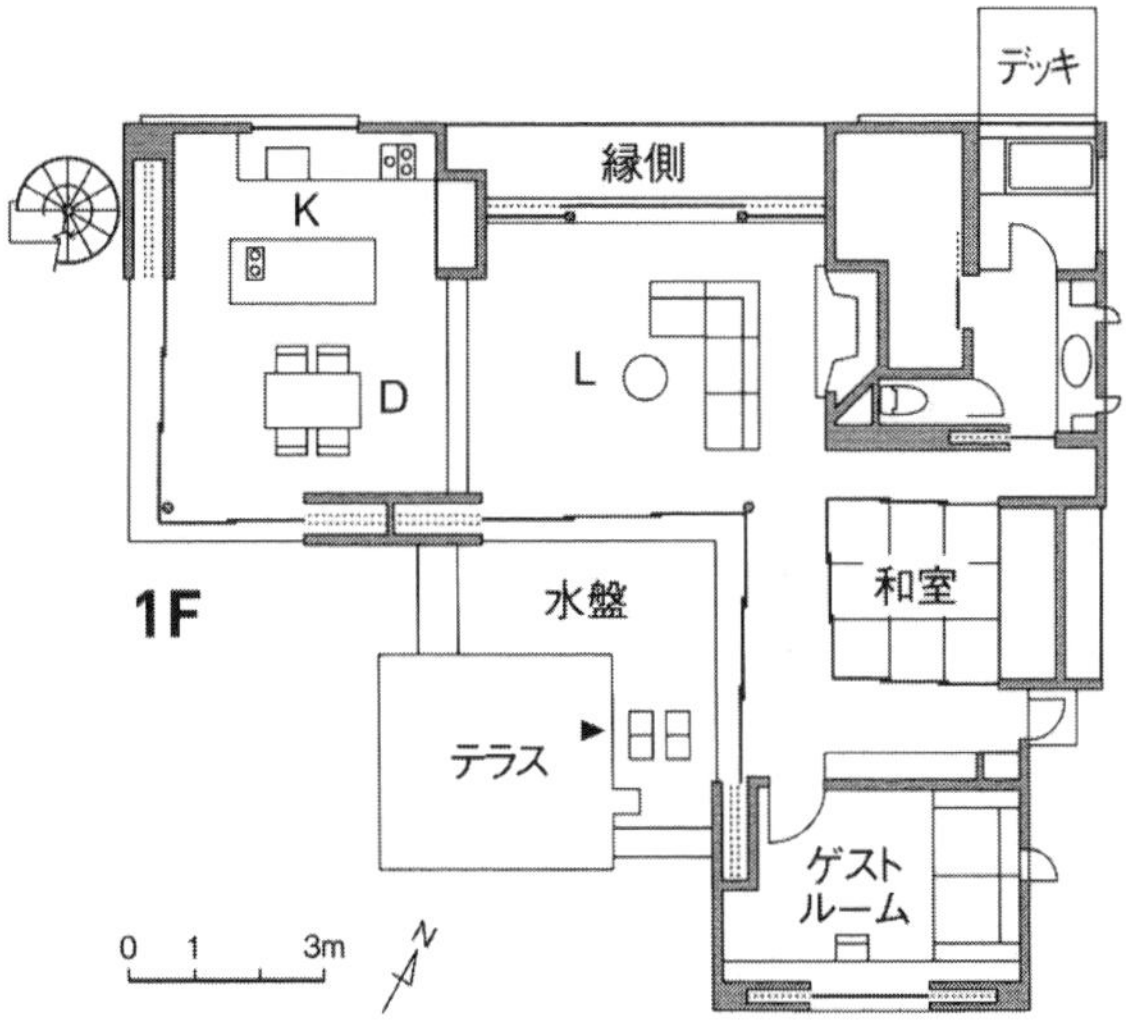

「葉山海の家」平面図
境界が可変な建築の設計例。ガラス戸、網戸、墨染め障子、3種類の建具の開閉によって、空間の大きさ、印象が全く変わって感じられる。

衣笠の家。玄関の地窓から見た北庭。（内露地）

居間から見た北庭の印象。（内露地）

茶室からの帰り道に、北庭から居間を見る。(内露地)

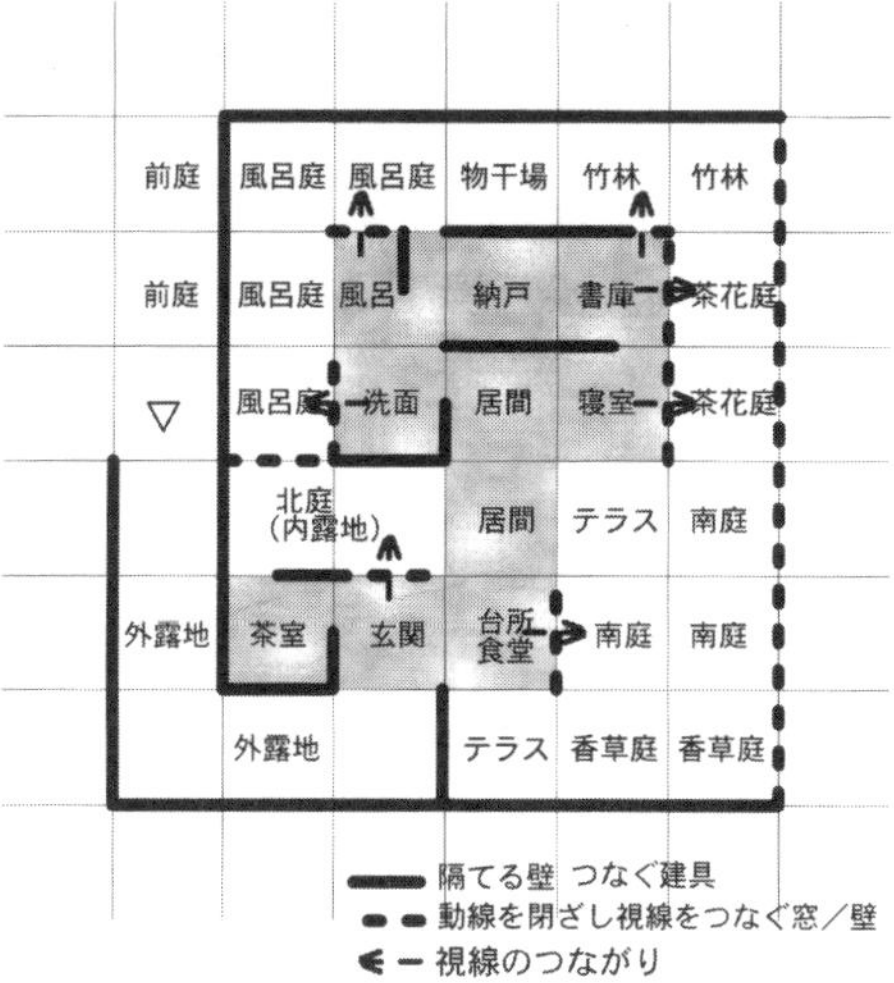

「衣笠の家」コンセプト図
様々な視点を持つ建築の設計例。敷地を様々な特徴を持った空間に分割し、それらの間に壁や窓などを設けると様々な視線と動線が生まれる。

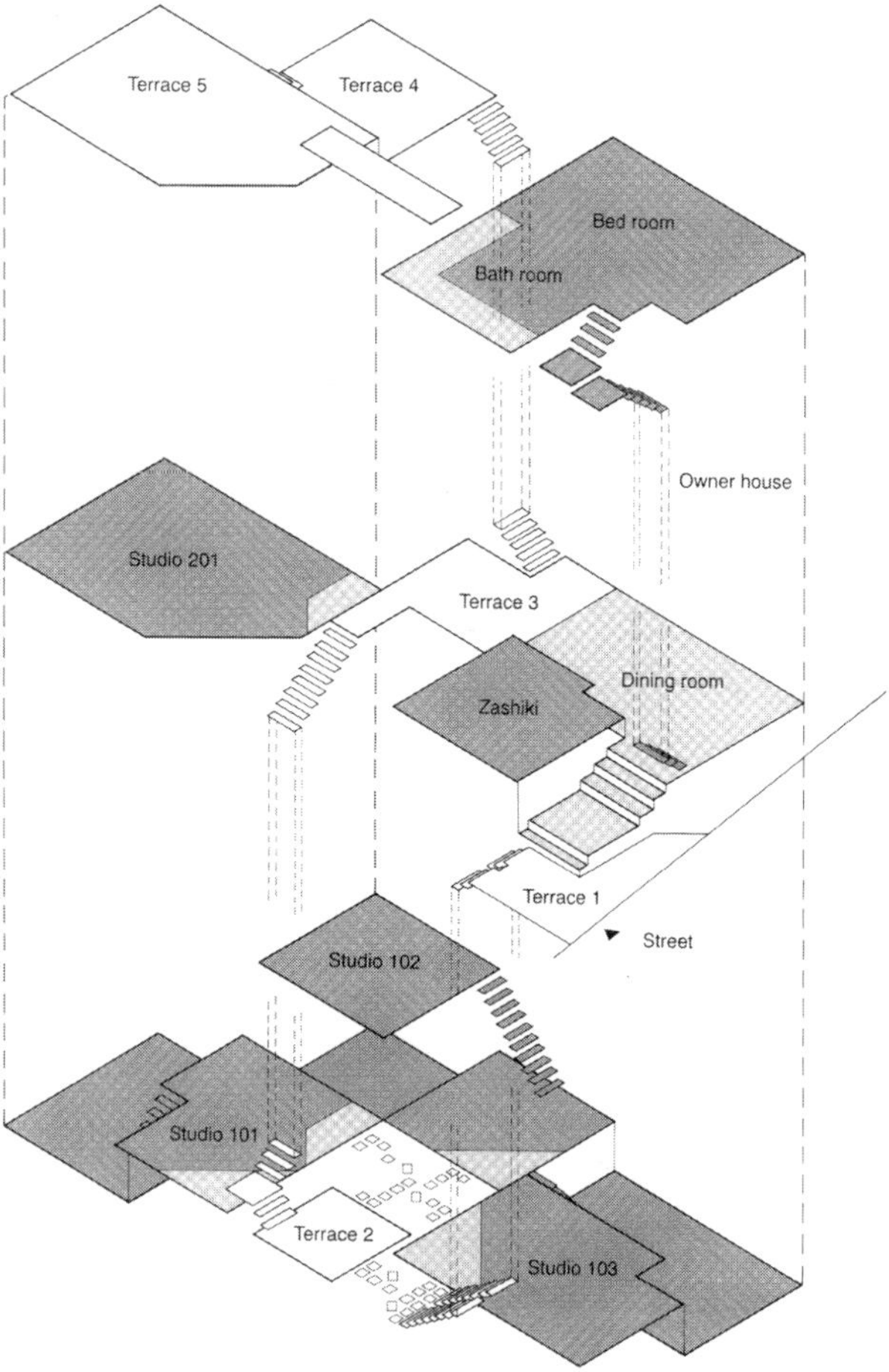

「LOOP A」コンセプト図
シークエンスを考慮して空間の見え方を変える設計例。
回遊動線で結ばれる様々な場。

LOOP A。回遊動線のある集合住宅。写真：傍島利治

た。住み手は生活の中で必要に応じて各々の場所を訪れる。違う方向からアプローチすると、さっき狭いと思った場所が広く感じられ、広いと思った場所が狭く感じられたりする。空間認識を常に刷新することにより、空間はその物理的な大きさを越え、様々に変化して見える。「ＬＯＯＰ Ａ」の住人が、知らず知らずの間に既成概念から自由になり、ビビッドな日常を送れることを願った。

現在私たちが生きている社会では、土地は細分化され、人々はその狭さの中に閉じ込められている。しかし、空間の大きさは絶対的なものではなく、常に相対的だ。建築がアート的視点を持った時、建築は私たちに新しい視点を与え、想像力や創造力を育んでくれる存在になる。

第10回　想像力を刺激する建築

建築がアートになる瞬間②

物体は光によって認識される。だから、光は人間の空間認識に大きな影響を与える。光をうまく使えば、人の想像力を喚起する建築を作ることができるのではないか。そんなことを考えていた折、偶然、ニューヨークのダンスシアターの舞台美術を頼まれた。そこで、光の変化によって空間を変える舞台美術の設計を試みることにした。題名は「Spaced Out」。インターネット社会が持つ、場所や時間の感覚の曖昧さを表現するため、舞台をインターネット画面のように、「移動」させることが求められた。そこで、物理的な舞台セットを一切使わずに、光のON・OFF効果だけで場所を変容させる方法を考えた。まず、舞台前面に帯状の半透明な紗幕を垂らし、床にはその幕と同幅の白黒のシートを貼り、バックドロップには同幅の長方形に4本のステージライトを照射した。すると床面、前面、背面それぞれのストライプは、照明が変わるごとに、現れたり消えたりし、舞台の大きさや形は、光に呼応して変化し、観客は、舞台上のダンサーと共に色々な場所を「旅する」ことができる。次頁の写真はすべて同じアングルからとったもの。光の当て方に応じてそれぞれ全く違った場所に感じられた。

同じ頃、光陰の移ろいに呼応して変化する住まい「House of Shadows」を設計し、自然光を使って場を変容させる試みをした。格子を多用することで、季節や時間によって変化する光のストライプをつくり、燻し銀の敷瓦の床、墨染めの壁、黒い板塀など、光の軌跡が見えやすい仕上げとした。南北には水庭を設け、光の反射でさらに多様な影を生み出すことも考えた。早朝、中庭に映るパーゴラの影が次第に角度を変え、室内に入り込んでくる。建物は、光の変化に伴って刻々とその表情を変え、そこに現れる空間もまた、様々に変化する。日々、住み手に新鮮な発見をもたらしてくれることを願った。

影について考えているうちに、闇もまた人間の想像力を喚起することに気がついた。例えば、屋外から暗い室内に入ると目が慣れるまでの間、空間の大きさが全く解らず、虚空に放り出されたような気分になる。でも、次第に瞳孔が開いて認識できる光の量が増えていくと、空間の輪郭が明瞭になってきて、場所の印象がどんどん変わっていく。つまり、人間の知覚の度合いによっても空間は変化して感じられるということである。そんな人間の空間認識と暗闇の関係に興味を持ち、闇の力を使った作品をつくりたいと思い始めていた。

ちょうどその頃、米国のピッツバーグにあるマットレス工場の地下室で空間作品をつくって

Spaced Out (舞台美術)。光の変化で空間を変える試み。①公演の最初：前面の紗幕にステージライトが当てられ、紗幕だけが見える。舞台空間は見えない。

②公演が始まって内部が明るくなると、紗幕は透けて舞台空間が現れる。床のストライプは長尺シートを白黒にはり分けたもの。ストライプは様々な色の光に染まる。

③舞台背面にステージライトが4本、四角い形に照射されると、床のストライプとつながり、舞台は囲われた部屋のように見える。

④舞台背面にステージライトが2本照射され、床の2本のストライプだけが照らされる。舞台に2つの細長い空間が現れたように感じる。

⑤バックドロップの後ろから光を当てると、舞台は大きさを失った抽象的な場所になる。ダンサーはシルエットになる。色の変化で、雰囲気が変わる。

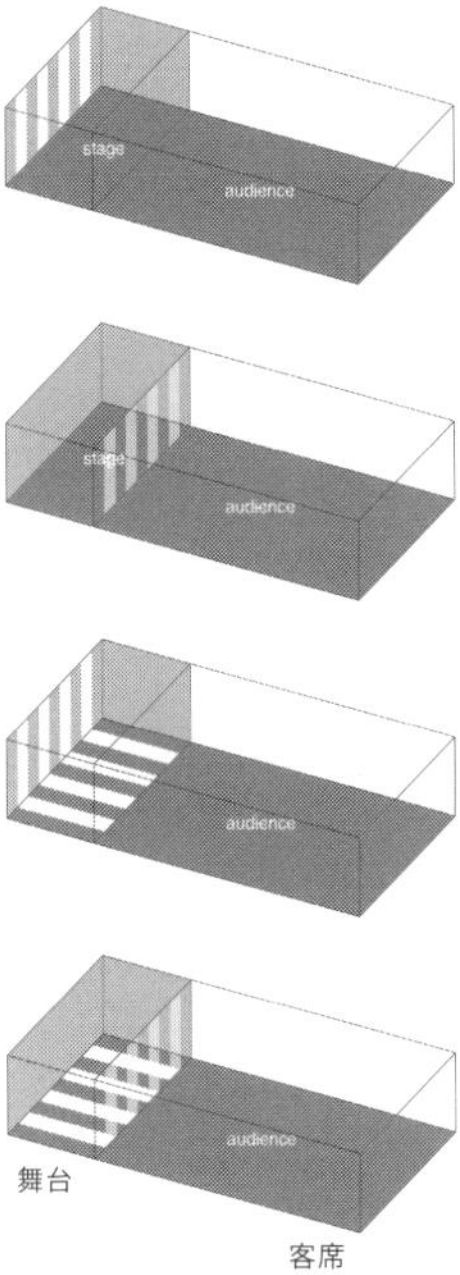

「Spaced Out」コンセプト図
舞台美術
会場：Dance Theatre Workshop, New York
ダンス：Sally Silver and Dancers

House of Shadows（住宅、東京、2002）。光に呼応して空間が変化する住まい。夏の早朝、中庭にできる影の協奏曲。

居間にできる光のストライプ。上部のルーバー格子は、冬だけ光が入り込む角度に設計した。

欲しいと頼まれた。

　初めて訪れた時、地下室は暗闇に包まれていた。私は床に水を満たし、「地底の海」をつくることを思いついた。そして、漆黒の闇の先にある非常階段への出口を赤い光で照らす。水面の静寂は、その赤い光をくっきりと映し込んで現実のものと見分けが付かなくなり、たった数センチしかない水面が底なしの海に思え、闇の中で距離感は消滅する。外部からの音を消し去るために、天井から7台のスピーカーを吊り、滝の水音を思わせるホワイトノイズ（雑音）を大音響で流す。振動とともに世界を闇に溶かしてしまいと思ったのだ。

　栈橋の上に立つ鑑賞者は、最初、果てのない闇に入り込んでしまったように感じるだろう。しかし、しばらくそこに身を置くと、目が慣れてきて水の存在に気づき、赤色の光で染められた非常口の向こうにある石積みの壁が見えはじめる。水面に映った非常口の光が虚像であることを思い出させるため、私は、時折、ポンプで静かな波紋を起こす計画にした。なくなったはずの現実と虚像との境界が現れ、鑑賞者の空間認識を揺さぶりかけるためだ。

　これらの一連の仕事を進める中で、今度は「光の反射」に興味が湧いてきた。反射をうまく使った名建築は、古今東西たくさんある。たとえば、タージ・マハールや金閣寺は水面の反射があることを前提につくられている。水面は、空間を増幅したり、屈折させたりする。そこで、反射が空間認識にもたらす効果に注目して様々な実験的な試みをすることにした。

「kanata」水面に浮かぶ桟橋から暗闇の向こうの赤く照らされた非常口を見たところ。水面には赤いドア型がくっきりと映りこむ。

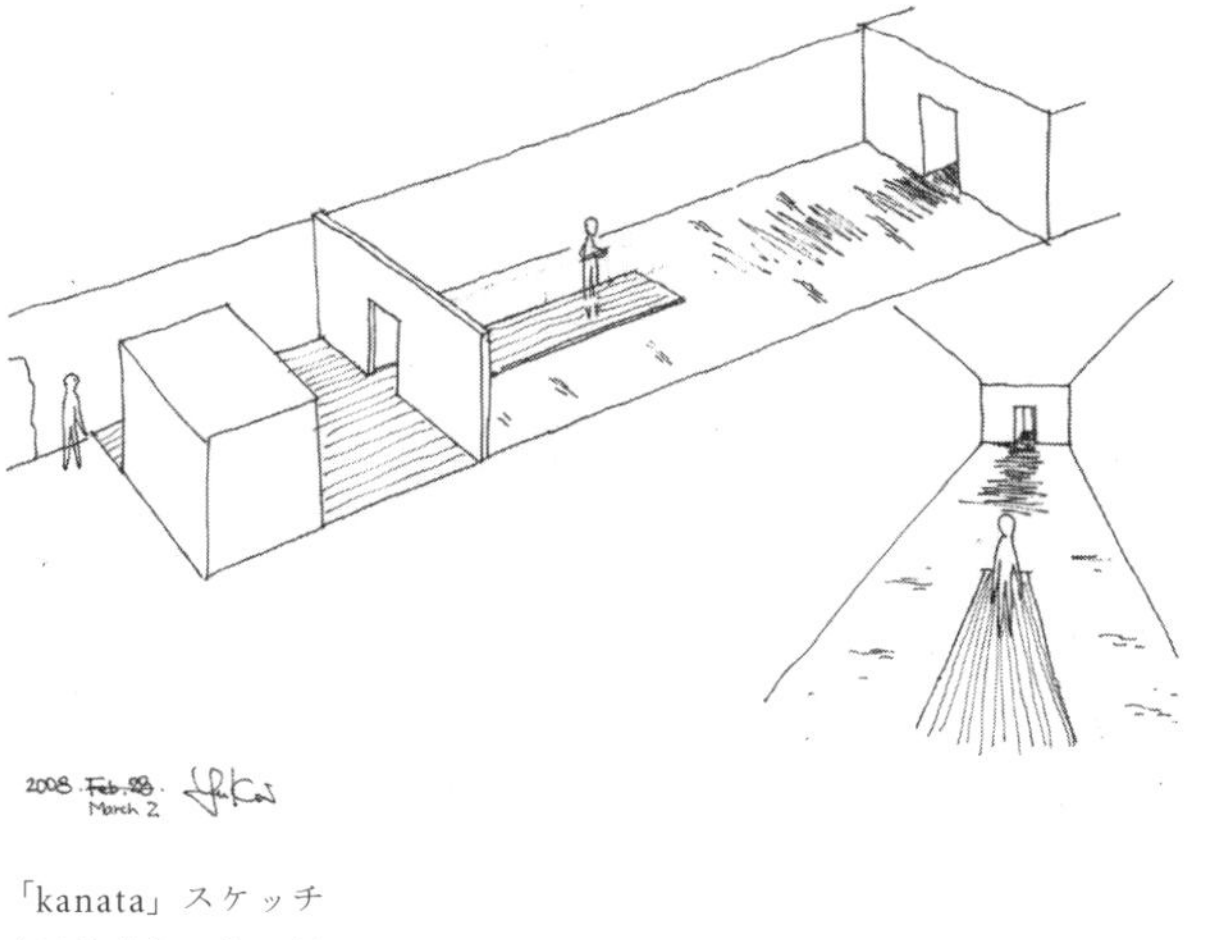

「kanata」スケッチ
インスタレーション
サイト：マットレスファクトリー、ピッツバーグ、米国

Defragmentation／Krems
（教会.オーストリア）
教会の地下室に数千個の風船をおいて光を反射させたインスタレーション。

風船に映り込んだ光は、何重にも重なり、銀河のような拡がりが生まれた。

例えば、ブラジルのバヒア近代美術館（砂糖工場跡）では、かつて奴隷が閉じ込められていた独房の床に水を張り、鉄格子の窓から見える空の風景を映し出した。光の反射効果を使い、通常では見えない視点を提示した。出口が見えない閉塞的な状況でも、視点を変えれば希望が見えるというメッセージを込めてつくったAnother Skyという作品だ。（第3回参照）

また、オーストリアの古都クレムスの教会では、光の反射を使ったインスタレーション作品「Defragmentation/krems」を作った。クリプトと呼ばれる地下の礼拝堂に天井から4本の青い光のシリンダーを垂らし、床に数千個の透明な風船を置いた。風船は、それぞれが球面の裏表にその青い光を写し込む。床一面の風船に映る無数の青い光は、幾重にも重なり合い、反射した光は下層の風船になるほど弱くなり、そこは、まるで銀河のような広がりと深みを持った空間になった。

光や反射、影や闇など、ちょっとした光の変化で想像力が刺激され、見慣れてあたりまえだと思っていた空間が違ったものに見える。私の作品を体験した人が、そんなことを感じてくれるといいなと思う。実利的な機能を越えて、空間の力が人の感性に響くとき、建築はアートへ昇華すると信じている。

第11回　Green Library

緑の光／思い出からはじまる出会い

「使っていない図書館があるのだけれど、何かできないかな？」ある日、そんな相談を受けて、新しい図書館の裏手に隠れるように建っている旧武蔵野市立中央図書館を訪ねた。

裏口の鍵を開けてその建物に入ると、室内は薄暗くひっそり静まりかえっていた。懐中電灯を片手に探検すると、古ぼけた家具が雑然と置いてある学習室、埃がたまった真っ暗な閉架書庫など、館内は廃墟同然だった。1階の奥には大きな閲覧室があり、空っぽの書棚が何列も並んでいて、歴史、美術、伝記など、本の分類を表す標識だけが残っていた。

本棚の間を歩いていたら、不思議な感覚に陥った。かつてそこにぎっしりと詰まっていた本のまぼろしが見え始め、さまざまな人の話し声が聞こえてきたのだ。有名な作家も、古代の哲学者も、幻影の中では名前を失い、自分の言葉を切れ間なく語りかけてくる。図書館が人々の思いが詰まった容器だということが、いつもに増してリアルに感じられた。

旧武蔵野市立中央図書館。

廃墟の図書館、空っぽの本棚が並ぶ館内。

パブリックアート「Green Library」への参加を募るちらし。

緑の光のインスタレーションをした旧武蔵野市立中央図書館。

廃墟は、人の想像力を掻き立てる。この場所を使って図書館をテーマにした空間アート作品ができないだろうか。そんな思いが沸き上がってきた。アートにはいろいろジャンルがあるが、パブリックアートというかたちが最近注目を集めている。街や公園など公共の場にあるアートの総称として使われることも多いが、市民が参加するアートという意味もあり、まちづくりの手法に使われることも増えてきた。本や図書館の意味を再考するパブリックアートのアイディアを市の職員に話すと、武蔵野市政55周年のイベントにピッタリだという話になり、市と協力しながら芸術祭の計画をすすめることになった。

現地調査のため何度も足を運んでいるうちに、抜け殻の図書館に緑の光を満たすアイディアを思いついた。そして、「Green Library」と命名することにした。Greenは、生き生きとした若葉の色。創造的で希望に溢れた色というイメージを持っている。過去に思いを巡らせることが同時に未来につながるようにと願い、緑色をテーマに市民が参加してアーティストと一緒に作品を作る3つのプロジェクトを発案した。「緑の本／Green Book」は、参加者が世界に一つしかない自分だけの本を作るプロジェクト。「緑の声／Green Voice」は、参加者の声を集めて作る音響作品。「緑の箱／Green Box」は、町で配布した緑の箱に、参加者が自分の言葉を詰めて図書館に持ち寄るプロジェクトだ。

通常のアート作品を作るのとは違って、みんなに参加してもらわなければ話にならない。ま

「Green Library」を実現できたのは、参加アーティスト、ボランティア、武蔵野美術大学の学生、武蔵野市職員の方々の協力のおかげ。みんな緑のマフラーをして、最終日に記念撮影。

3つの市民参加プロジェクトの他、図書館をテーマにしたアート作品の公募も行った。世界各国から数十点の力作が寄せられた中、優秀作品5点を展示した。これはドイツ人のアーティスト、サビナさんの作品。ミュンヘンの日本人学校の生徒達に好きな本を選んでもらい、その第一句を描いた等身大のスクリーンを旧閲覧室に吊り下げた。それぞれの本が持つ世界への扉の前で、想像力をふくらます。

ずは、鮮やかな緑色のポスターとチラシ、ホームページを作り、参加者の公募をすることから始めた。「図書館ってなんだろう。本ってなんだろう。言葉ってなんだろう。アートってなんだろう。緑の光で満たされた旧武蔵野市立中央図書館で、いろいろな夢や思い出と、新たな希望と発見が、出会いの中で生まれます。アート作品を鑑賞するだけでなく、市民が作品づくりに参加できる新しいかたちの芸術祭です。」そんな文章をそえて、チラシを様々な場所で配布した。

半年以上もの長い準備期間のあと、芸術祭が始まった。古い図書館の建物そのものが大きな「緑の箱」に見えるよう、緑の光のインスタレーションを施し、市民が作った102冊の「緑の本」を本棚に展示し、みんなの声を集めた「緑の声」を閉架式書庫の中に流し、数百人分の言葉が詰まった「緑の箱」を閲覧室の床に並べた。

「Green Library」は、会期中、何千人もの来場者を招き入れた。子供も大人も、手作りの本を読みふけり、名も知らぬ人々の言葉に耳を傾けていた。たった9日間だったけれど、そこは、一般市民の思いを集めた一風変わった「図書館」として蘇った。

最後の夜、会場に満たされた緑の光は静かに消え、「緑の本」や「緑の箱」は、思い出の緑の光を運んで再び町に散らばっていった。

パブリックアートの企画運営は不慣れな上、予算が限られていたため、実行するのは本当に大変だった。けれども、地域の人々、学生さん、アーティスト仲間、友人やそのまた友人、市の職員の方々など、趣旨に賛同してたくさんの人がボランティアで協力してくれ、素晴らしい出会いがたくさんあった。また、新聞や雑誌などさまざまなメディアで記事に取り上げていただき、みんなに応援していただいた。芸術祭が無事終了した夜、参加してくれた人々への感謝と、言葉にならない感動とで涙があふれ出た。

スクラップ＆ビルドの時代が過ぎ、用途が失われた建物の改修、転用などの必要性が見直されている。空間作りのプロである建築家は、「建築行為」に限定されることなく、柔軟な姿勢で「空間を再生」する視野を持つことも大切だと思う。

現在は、もう壊されてなくなってしまったあの図書館。パブリックアートの力を借りて、つかの間だったけれど場の再生ができた。芸術祭に参加してくれた人々が、用途が失われた廃屋に新しい可能性を感じ、また、図書館や本に対しても新鮮な印象を持ってくれたらいいなと思った。

武蔵野アートプロジェクト　Green Library ―緑の光／思い出からはじまる出会い―

会期：2002年11月9日（土）～11月17日（日）
会場：旧武蔵野市立中央図書館
主催：武蔵野市
企画・運営：武蔵野市　郡裕美＋スタジオ宙一級建築士事務所
協力：武蔵野美術大学 芸術文化学科
特定非営利活動法人 KISS

第12回　Green Box
コミュニケーションを生み出すアート

「あの時もらってきた緑の箱、いまでも僕の本棚にあるよ。『Green Library』で見た緑の光のことを思いだすと、なかなか捨てられないんだよ。」

先日、久しぶりに会った建築ジャーナリストの友人にそう言われ、とてもうれしい気持ちになった。それに元気づけられ、今回も緑の図書館の話を続けたい。

パブリックアート『Green Library』の企画をしている時に思った。市民の作品を壁に展示するだけの展覧会にしたくない。そこで、アート作品を二重構造にすることを思いついた。緑の本／Green Book、緑の声／Green Voice、緑の箱／Green Box、3つのコアプロジェクトに対してそれぞれアーティストを招待し、市民とのコラボレーションをするという形にしたらどうだろう。アーティストが作品の骨格と全体を作り、内部は各参加者の作品とする。そうすれば、それらはアーティストの作品でもあり市民の作品にもなるはずだ。

まず、中身が白紙の『緑の本』を300冊、特注であつらえた。ひとめ見るだけで心が晴れやかになるような萌葱《もえぎ》色の布で装丁し、裏にGreen Libraryという型押印をした。本は、展示する時に自立するように3センチほどの厚さのハードカバーとし、中身の紙は、水彩画も描ける肌触りのよいものを選んだ。次に、武蔵野美大の学生達の力を借りて「本作りのワークショップ」を行い、新聞やチラシなどで募った参加者に、白紙の本を手渡す会を催した。その折に、ドイツ人写真家のライナーさんを招待し、参加者のポートレートを2枚撮ってもらった。楽しかった思い出を話しながら1枚、悲しかったことを思い出しながらもう1枚。そして、4カ月後の展覧会での再開を約束し、それまでに参加者は各自、思い思いに自分の本を作り、ライナーさんはポートレート作品を完成して本のカバーを作ることにした。

展覧会の前日。約束通り、参加者のみんなが本を完成させて持ってきてくれた。私は、ボランティアの人々といっしょに、次々と集まってくる本にライナーさんの作ったブックカバーをかぶせ、書架に展示していった。すると、空っぽの図書館に参加者達の顔が並ぶ、美しいインスタレーション作品ができあがった。ブックカバーの表は参加者の笑顔、裏が悲しい顔。その2つのポートレートの間に包まれた本の中身は、参加者が思いを込めて作ったオリジナルの作品。本の外身も中身も共に完成度の高いアート作品だった。展覧会の来場者は、会場を歩きまわり、ポートレート作品を鑑賞し、本を読み、語り合い、様々な角度から『緑の本』を楽しん

特注で作った緑の本／Green Book。

緑の本／Green Book。展示風景。参加者の2つの表情のポートレートのブックカバー。

緑の声／Green Voice。アクリル硝子の箱を紙ヤスリでこすり、中にLED光源を入れた。

緑の声／Green Voice。暗闇の閉架式書庫に本の形をした緑の光が浮かぶ。

でくれた。

そして『緑の声』のプロジェクト。展覧会の数カ月前、参加者を募ってFMラジオ局の一室に集まってもらった。緑色にまつわる思い出や各自の好きな歌を別々に口ずさんでもらい、それをウィーン在住のサウンドアーティストのガルさんが録音した。それをもとに作った音響作品を、会期中、暗闇の閉架式書庫で流した。すると、方々に設置したスピーカーから聞こえる参加者の声を通して、物語が幾重にも重なってできる不思議な空間が現れた。書棚には、本の形をした緑の光を置いた。これは、アクリル硝子の箱を紙ヤスリでこすり、中に緑色のLEDを閉じこめたもので、それぞれ微妙に違う光が楽しめる光の作品になった。来場者は、それを頼りに暗闇の書庫を彷徨いながら『緑の声』を楽しんだ。

最後に『緑の箱』プロジェクトについて話そう。まずは、目も覚めるような若草色のポリプロピレン製の箱を1000個特注制作した。光をうっすらと通すため、箱の中身によって緑色の度合いは微妙に変化する。会期が終わっても自宅の本棚においてもらえることを考え、A4サイズのフォルダー形式とした。

会期の1カ月ほど前から、町中でその『緑の箱』を配りはじめた。中には質問を書いたトレーシングペーパーと、若草色の紙が重ねて入れてある。そして、「質問に答える形で文章や絵などをその箱に入れて、空っぽの図書館に持ってきてください」と言いながら、展覧会の招待状を渡した。参加者がどの質問を手にするかは、偶然の出会いだ。

緑の箱の質問は、全部で16個。『初恋の話を聞かせてください。』『最後に涙を流したのはいつですか?』『5年後何をしていると思いますか?』など、質問を読んだ人の心が、過去や未来へ旅できるような質問を選んだ。これは、自分自身がアーティストとして関わったプロジェクトだったため、私は、毎週末、既存の図書館の前に机を置いて『緑の箱』を配った。

箱を配るのは思ったより大変だった。何度もくじけそうになったけれど、偶然、通りかかった人が手伝ってくれたり、音信不通になっていた旧友が助けに来てくれたり、プロジェクトを支えてくれる人が日に日に増えていき、『緑の箱』は、どんどん町に散らばっていった。

そして、展覧会の当日、『緑の箱』を抱えた人々が、箱の中に自分の気持ちや言葉を詰めて会場に持って来てくれた。空っぽだった閲覧室の床が『緑の箱』で埋められていった。そして、緑の光でライトアップされた図書館の中で、人々は床に座り込んで、他人が書いた話を読みふけっていた。箱の中身は、文章や詩、写真や絵、押し花や手芸作品などバラエティーに富んでいて、どれをとってもユニークな作品だった。

「一番好きな話が入った『緑の箱』をもらって帰ってよいが、その代わり自分の話も置いていく」というのが参加のルール。隣の部屋には、まだ中身の入っていない『緑の箱』を置き、会期中、だれでも自由に参加できるようにした。

緑の箱／Green Box。各々の箱に質問が入ったものを、会期中に町中で配った。

閲覧会の床に並べられた緑の箱／Green Box。参加者が質問に応えて入れた箱の中身の一例。

緑の箱／Green Box。参加者の話が入った箱を開けて中身を読む来場者。

緑の箱／Green Box。来場者が持ち帰り、歯抜けになった緑の箱。遊び始める子供達。

床に置かれた『緑の箱』は、まるで海のように見えた。光の当たり方や中身によって色が微妙に変化し、また、人々が読み進むにつれて箱の位置がどんどん移動し、交換され、水の流れのように思えたのだ。気がつくと、箱を次々と開けて読み進んだ結果、海の中に様々な道ができはじめていた。そして、床がチェッカーボードの遊具になり、子供達が遊び始める……。

箱の中は参加者の作品、空間は私のインスタレーション作品。でもそこで箱を並べ替えて遊んでいる子供達の様子を見ていたら、それは彼らの作品にも思えてきた。緑にライトアップされた廃墟の図書館は大きな『緑の箱』として参加者の思い出の中に、そして各人に持ち帰られた小さな『緑の箱』は、各家庭の本棚の中で緑の光を放ちながら、静かに生き続けるだろう。

会期中9日間の来場者数は、約2000人。平均滞在時間2時間。実にたくさんの人々が言葉や気持ちを交換してくれた。今回、この『Green Library』を通じて私がしたかったことは、アートの力を使ってコミュニケーションを生みだすことだと気がついた。

改めて考えてみると、これは、建築設計の仕事にとても近いような気がする。コンセプトを考え、仕組みをデザインし、人々が参加できる場を設ける。アクティビティが誘発され、コミュニケーションが生まれる。このように、建築家の作品でありながら同時に利用者の作品にもなり得る、真のコラボレーションが実現できれば、建築は、一種のパブリックアートになり得るのではないか。

第13回　B^B　町に新しい流れをつくる試み

ニューヨークにSwing Spaceという名前の文化支援活動がある。空き店舗をLMCC（ローアーマンハッタン文化協議会）が無償で借り受け、そこにアーティストを数ヶ月間招待してアトリエとして使ってもらい、最後にそこで展覧会やイベントを行う試みだ（＊1）。それによって、さびれて見向きもされなくなった場所に新しい魅力が生み出され、町に新しい流れが生まれる。また、アーティストに活動の場を与え、実験的なアート作品をサポートすることで文化を育成する意味もある。Swing Spaceの活動が始まった2005年に、私が招待作家として関わった事例を紹介してみたい。

私が他の招待アーティスト5名と共に割当てられた場所は、マンハッタンの東南にあるサウスストリート・シーポートと呼ばれる一角にあった。そこは、金融街で知られるウォール街にも近く、マンハッタンの中でも古い建物が残る歴史的な街区。歩いているだけで古き良き時代のニューヨークを感じられる。そのウォーターフロントは、ブルックリン橋を眼前に望む絶景地で、埠頭にショッピングセンターPier 17があった。内部にはブティックやレストランなどがあり、年間を通じてたくさんの観光客が訪れる。空き店舗は、その中にあった。

そのショッピングセンターに入ってびっくりした。せっかくの素晴らしいロケーションなのに、店内はまわりの世界と全く切り離され、外の景色はいっさい見えない。完全空調、人口照明の下、商品群が並んでいた。そして、そんな無個性な空間の中、人々は、買物に明け暮れている。絶景地に居ながら目隠しされている、その不自然な状況に疑問を感じた。

私達が与えられた空き店舗は、もともとスポーツ店だったが、この2年ほど借り手がないまま放置されていた。そこにある窓も他の店舗と同じようにフィルムで目張りがされ、外がまったく見えなかった。招待された5人のアーティストは、絵画、映像、空間アートなど、様々なジャンルの作品を得意とする人たちで、それぞれのテーマに従って店舗の中を分割し、私は、店舗奥の窓際の一角を使うことにした。

私は、まず、その目隠しシートをはがすところから始めた。少しずつ、自然光が部屋に差し込み、視界が開け、空間が広がってゆく。はがし終わってみると、窓の外にはイーストリバーに架かるブルックリン橋がパーフェクトに見えた（＊2）。ああ、なんと美しい！　しかし、しばらくその景色を見ているうちにだんだん息が詰まってきた。ガラスの向こうには涼やかな風

Swing Spaceのロケーションとなったショッピングセンター Pier17の外観。イーストリバーに張り出す埠頭に建つ。

ショッピングセンター Pier17の内部。外光がとざされ、外の景色が見えない店内。

が吹き、川の流れの香しさがあり、町の息吹きや橋を渡る人々の活気があるというのに、ここでは空調機の単調な音しか聞こえない。素通しのガラスには、窓もドアもいっさいなかった。

どうしたらこの閉塞的な状況をテーマにした作品ができるんだろう？　私は、毎日、その空き店舗に通い、窓ガラス越しに広がる風景をじっと見つめながら悶々としていた。しだいに私は、そのガラスの向こう側にある風を感じ、景色と一体化できるような空間作品をつくりたいと思い始めていた。でも、その空き店舗のガラスを壊すことは許されていないし、作品にかけられる予算は限られている。そこで、音と光、そして少しばかりの「建築」で人々の想像力を刺激し、その見えない壁を融かしさる作品をつくることにした。

まず、もともとあった鏡張りの柱を利用して半透明の紗幕を張り、小さな部屋をつくった。鏡の効果によりその部屋の境界は現れては消える。空き店舗の隅に、夢と現実の間に現れる蜃気楼のような場所ができた。そして、その部屋内のカーペットをはがして床を真っ白に塗り、そこに透明の風船を敷き詰めた。風船は無数の泡となり、空や海、ブルックリン橋などのまわりの風景を写し込み、その一角を無重力空間に変えた。

次に、その風船の下にスピーカー4台を潜ませ、風景の先にあるブルックリン橋の音を流すことを考えついた（＊3）。鑑賞者は、その部屋の中程に置いた白い椅子に座って景色を眺めながら作品を楽しむ。音は、周期的に強弱をつけた。ボリュームが大きくなるとガラスの存在が

空店舗の角に紗幕を張って半透明の部屋をつくり、内部に透明の風船を満たす。

夜はイルミネーションが映り込み、幻想的な光に包まれる。鏡張りの柱にも、夜景が映り込み、実像と虚像が交錯する。

作品の中に座り、ガラスの壁を通してブルックリン橋をながめる。

部屋の中からブルクッッリン橋がよく見える。床の風船が水を連想させ、眼前に広がる海と連続して感じられる。各風船にも景色が映り込む。

景色を見ながら、サウンド・インスタレーション（ブルックリン橋の音）に聞き入る観客。（アーティストのPhill Niblock氏）

「B^B」の空間体験をする度に25セント。ショッピングセンターという場所性を考え、おみやげを買うのではなく、「この場所でしかできない体験を買う」作品とした。

薄れて、風景はぐっと手前に感じられ、さらに音量が上がると風景と自分との距離がなくなり、橋の下に潜り込んだように感じる。逆に音が小さくなると、透明のガラス壁の存在が強く感じられ、自分と風景の距離はぐっと遠くなる。音の強弱によって、見えない壁が消えたり現れたりする錯覚を楽しんでもらうことを企んだ。そして、作品名は、ブルックリンブリッジの頭文字をとって「B^B」という題名にした。

今回、私がつくった空間作品「B^B」は、リノベーション設計の仕事ととても近いと思う。違うのはクライアントがいないことと、特定の機能を求められていないこと。私は、その場を「変える」ことで新しい空間体験を生み出すことだけを考えていた。そして、作品を楽しんでくれた人が、このガラス張りの建物について、自分とまわりの世界との距離感について、いつもとは違った視点でいろいろ考えてくれるといいなと思った。

私達、招待アーティストが、この空き店舗に滞在したのは約4ヶ月。その間、友人や仲間、作品を見に来た観客や新聞記者など、様々な人々がこの場を訪れた。他のアーティストは、私とは全く違ったアプローチでその空き店舗と向き合っていた。買い物をテーマにした作品、ガラスに映る風景を描いた絵画作品など、様々な作品がそこでつくられ、場は、確実に新しく生まれ変わった。展覧会の最終日、半透明の紗幕をはずすと、風船が勢いよく転がりでた。大きなシャボン玉のようなその球面に映った世界は、前と少しだけ違って見えた。

最後に紗幕を取り去ると、風船が部屋中に広がった。

＊1　LMCC（ローアーマンハッタン文化協議会）とSwing Space
LMCCは、Lower Manhattan Cultural Council を短くした名称。文化活動を通して町づくりをする非営利団体。1973年より、世界貿易センタービルを拠点にウォールストリートなどの金融街で、街角コンサートの企画や広場に彫刻を設置するなど、楽しさのある町をつくる活動をしてきた。しかし、2001年の9.11アメリカ同時多発テロ事件で拠点を失った。9.11の大惨事の後、世界貿易センタービルのあったマンハッタンの南部は思うように復興が進まず、空き店舗が目立ち、町に生気がなくなっていた。そこで、そんな状況に活を入れるため、LMCCが、Swing Spaceという文化支援活動を立ち上げた。公募で選ばれて空き店舗に招待されるアーティストは、創造的で実験的な活動を行う画家、彫刻家、映像作家、音楽家、ダンサーなどあらゆる分野の芸術家だ。2005年から現在までに1000人以上の芸術家が参加し、20以上のロケーションでSwing Space文化支援事業が展開された。

＊2　イーストリバーは、マンハッタンとブルックリンの間にある。川と呼ばれているが、実際は、大西洋に続く海である。

＊3　ブルックリン橋の音は、ウィーン在住のサウンドアーティストのベルナルド・ガル氏の音響作品をインスタレーション用に編集して使った。

第14回 Green Airplane
「見えない壁」を突き抜ける

先日、コロンビア大学大学院建築学部の東京の研究拠点studio X Tokyoが主催するレクチャーシリーズに招かれ、講演会をすることになった。その折りに、学生達と一緒に参加型のアートプロジェクトを実行することを思いついた。紙飛行機を使ってガラスの透明性、透過性を再考するプロジェクトで、Green Airplaneと名付けた。

きっかけは、前回のレクチャーに参加した時に感じたこと。会場であるShibaura Houseは田町駅近くの角地に建つ総ガラス張りの建物で、その1階は、コミュニティスペースとして町に開放されている。私は、そのガラスの箱のような部屋で講演を聴きながら、何気なく外を見ていた。すると、突然、ガラスを隔てて目の前にある歩道に通勤帰りのサラリーマンの人波が現れた。近くにある横断歩道の信号が青に変わったのだ。ガラスで隔てられているとはいえ、急な人だかりに囲まれて落ち着かない気分になった。しかし、よく見ると通行人はこちらをい

Shibaura house。東京のビジネス街 田町駅近くにあるガラス張りの建物。

ガラスで分断されたビルの内と外。通行人は内部に注意を向けず通りすぎてゆく。

っさい見向きもせずに足早に通り過ぎて行くだけ。そして、私の周りに座っている観客もまた、その冷房の効いた部屋の中で町の雑踏を感じることもなく、ガラスのこちら側でスクリーンの映像に見入っていた。不思議な感覚だった。お互い、見えているのに見えていない。ガラスという透明な壁で、完全に分断されている外と内。道行く人と私達。

通行人の視線を建物の内側に向けさせ、また、内部にいる人の視線を外に向かせるにはどうしたらいいのだろう。悶々としているうちに、ふと紙飛行機を部屋内からガラスに向けて飛ばすというアイディアがひらめいた。ガラスという物理的な存在に直接的に揺さぶりをかければ、なにか新しい状況が生まれるのではないか。紙のような軽いものならガラスに大きなダメージを与えることなく、「気づき」だけを与えることができるかもしれない。紙飛行機がガラス面に当たった瞬間、内外の視線が出会い、コミュニケーションが生まれるのではないかと思った。

紙飛行機は、studio X Tokyo のメンバーである建築学部の学生にぴったりの教材にもなる。なぜなら、紙飛行機のデザインと建築の設計にはすこし似たところがあるから。ともに機能と性能、形とデザインのバランスが求められる。

そこで、イベントの当日までによく飛ぶ紙飛行機をデザインしてくるという課題を学生に出した。すると、ある学生が、コンピューターの中で架空の紙飛行機を作りはじめた。「自分で実際に作って飛ばし、その様子を見て改良を重ねて設計すればいいのに」と私が言うと、彼は、

透明でも分断されている内外。紙飛行機がガラスにぶつかる瞬間を想像してみた。

『Green Airplane』よく飛ぶ緑の紙飛行機を折るワークショップ。

コンピューターのシミュレーションと現実のテストを交互に繰り返しながらデザインを完成するのだという。

仮想の紙飛行機に仮想の気流を起こしてぶつけてみると、その重心の位置やバランスの悪さがよくわかるらしい。さすがコンピューター世代らしい発想だ。確かに彼が最終的に作った飛行機は形も美しくて、同時によく飛んだ。

でも、今回の企画は、ガラスに手作りの紙飛行機をぶつけるという「野蛮な」行為をすることによって、ガラスの不透過性を「体感」してもらおうというローテクなイベントだ。コンピューターのシミュレーションでデザインされたハイテクな紙飛行機を通してそれを「感じる」ことになるとは、なんだか苦笑いをしてしまった。

また、紙飛行機を使ってガラスの壁を「覚醒」させるだけでなく、床に緑の帯状シートを張ることで、ガラスの境界性に揺さぶりをかけることも計画した。まず、会場内に幅2・4メートルの緑のシートを敷き、緑の領域をつくった。そして、ガラスをはさんで左右対称に前面の歩道にも緑のシートを帯状に敷いた。

すると、その内外の緑の帯が呼応し合い、その間にほんのり緑色に染まった「中間領域」が立ち現れ、今までガラスの壁で分断されていた歩道と建物の間に「つながり」が生まれた。緑のシートは梱包用素材のプチプチ。その空気の粒を手でつぶす感触が、ガラスに紙飛行機をぶ

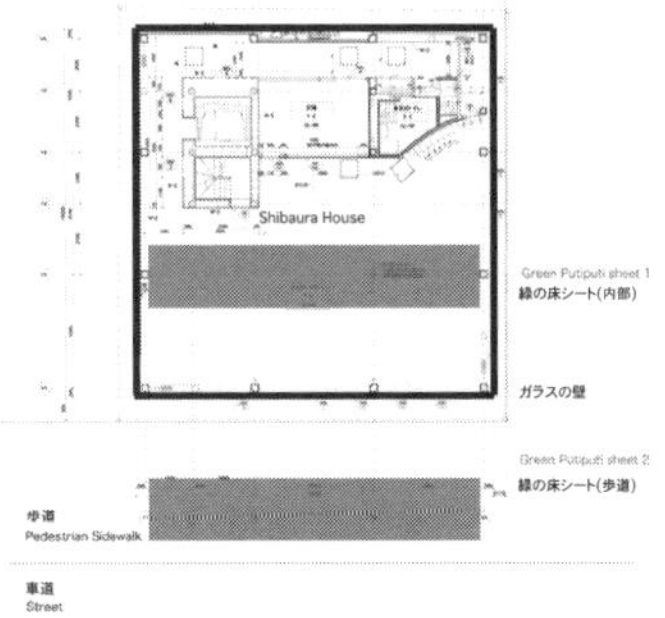

会場内外に緑のシートを張って、
2本の帯状の空間を作る。

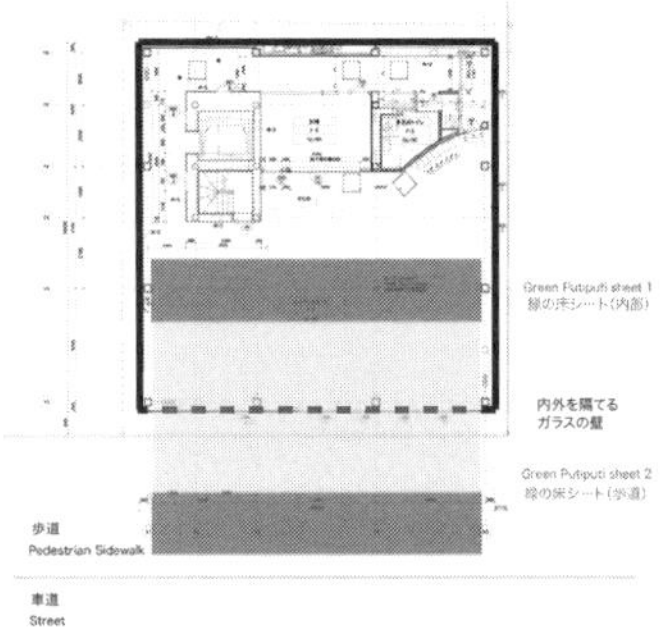

2本の緑の帯の間に関係性が生
まれ、中間領域が現れる。

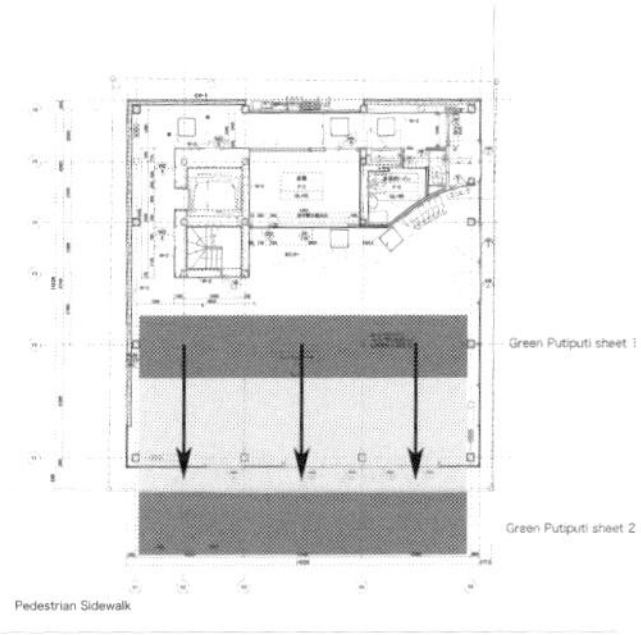

会場内から、ガラスに向かって
紙飛行機を飛ばす。

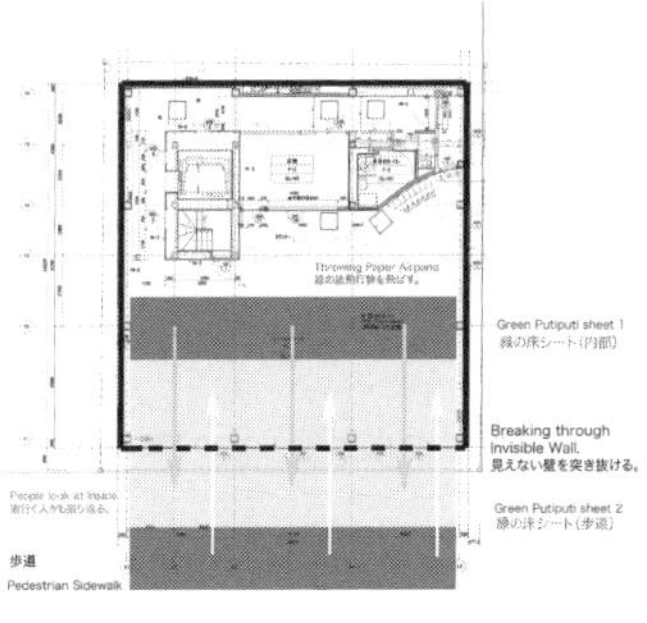

通行人が振り返り、ガラスで分
断された内外がつながり始める。

つける感じと似ているような気がして、それを選ぶことにした。緑色のプチプチは、浮遊感のある素材な上、足の踏み心地も抜群で、半透明な緑のカーペットみたいで会場が華やいだ。

イベントの当日、招待状に記したドレスコードに従って、緑の衣服をまとった学生や友人がたくさん集まってくれた。まずは、紙飛行機を折るワークショップを行う。みんな童心に返って飛行機作りを楽しんでくれているようだった。ガラス張りの部屋は、参加者が増えるにつれ、どんどん緑色に染まっていった。

ラッシュアワーの波が歩道を埋め尽くす頃、折った紙飛行機の数は数百機に達した。そして、5時半きっかり、近くの横断歩道の信号が青になった瞬間、建物の内側からガラスに向かってみんなで一斉に紙飛行機を飛ばし始めた。

驚いたことに、ほとんどの通行人は完全に無視して通り過ぎていく。勢いよく直進する紙飛行機はガラスに当たって次々と床に落ち、床はみるみるうちに緑色の飛行機で埋め尽くされる。それに従って、ガラスという「壁」の存在が明確になっていった。

しかし、しばらく続けているうちに、時折、飛行機がその透明の壁をつき抜けたかのように、こちらを不思議そうに見る人も現れた。そんな時、ガラスの箱の中にいる私たちと通行人の間に無言の会話が生まれ、一瞬、その透明の壁が溶けたような気がした。

最近、ガラスというボキャブラリーが建築の中で無神経に多用されているような気がする。

たとえば外壁をガラスにすれば公共施設が町に開かれているとか、大きなガラス窓を設けて外の景色を見えるようにすれば自然とつながるとか、ひどく安易な例も多い。しかし、ガラスを介すると、音も聞こえない、風も感じない、臭いもしない。ガラスは透明であると同時に私達と世界を隔てる壁でもある。

そんなガラスに向かって思い切り飛行機をぶつけるという今回のイベント、本当に楽しかった。参加してくれた人達の表情も、子どもがいたずらをしている時のように生き生きしていた。こんな小さな遊びから、今の社会の閉塞状況を考え直すきっかけが始まるといいなと思った。

備考

＊Columbia University, Studio X Tokyo

コロンビア大学大学院建築学部（GSAPP, Graduate School of Architecture, Planning and Preservation）は、2009年から東京、北京、リオ・デジャネイロ、ムンバイ、ニューヨークの5都市に研究拠点を設けた。東京での拠点がStudio X Tokyo。

URL www.studioxtokyo.com

『Green Airplane』緑の飛行機プロジェクトは2012年8月8日、コロンビア大学の工藤国雄教授、Studio X Tokyoの廣瀬大祐氏、東京理科大デジタルスタジオ、Shibaura House、川上産業プチプチ文化研究所の協力で実現できた。

＊Shibaura House について

2011年7月に生まれたユニークなコミュニティスペース。1階は、「街に溶け込むようなリビング」「公園のような場所」として誰でも無料で利用できる。株式会社 広告製版社 本社ビル。妹島和世設計。

第15回　Portable Infinity Device
無限の広がりをつくる装置

それは、片手で持てるくらいの小さな箱で、軽くてどこにでも簡単に持ち運べる。箱は、アクリル硝子でできていて、表面に紙ヤスリで絹目のような柔らかい筋がつけられ、繭のようにほんのりと光を通す。箱の一面はミュージアム・ボードとよばれる厚紙で、そこに小さなドア型をした穴がカットされている。箱を持ち上げてその穴をのぞき込むと、中には幾重にも重なる入口があり、それに吸い込まれるように奥を見入ると、未知の世界が見えはじめる。箱は、白と黒の2種類あり、白い箱は光の力を使い、黒い箱は闇の力を使って無限を現す。『Portable Infinity Device』日本語に訳すと携帯無限装置。今回はこの作品を通して、限られた場所に広がりをつくる実験的な試みについて話したい。

まずは白い箱の話から始めよう。箱に内包されている連続するドア型。その足元には白い床がずっと奥に向かって延びる。最後のドアを過ぎたあたりから、床はゆっくり湾曲しながら垂

白の箱の内部。ドア型の開口が幾重にも重なり、奥行きを感じる。

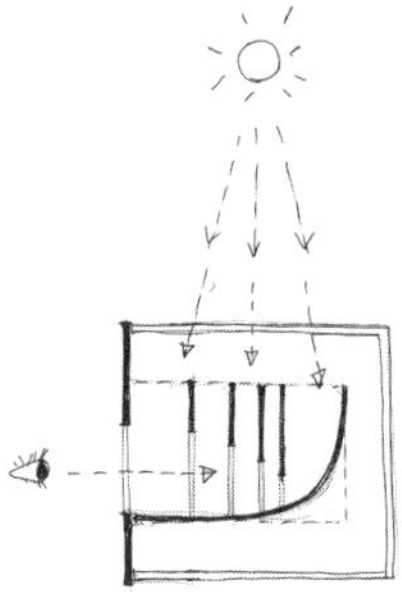

白の箱の奥は光が集まって明るく見える。

黒の箱の内部。ドア型の開口が幾重にも重なり、奥に行くほど暗くなる。視線は無限の闇に吸い込まれる。

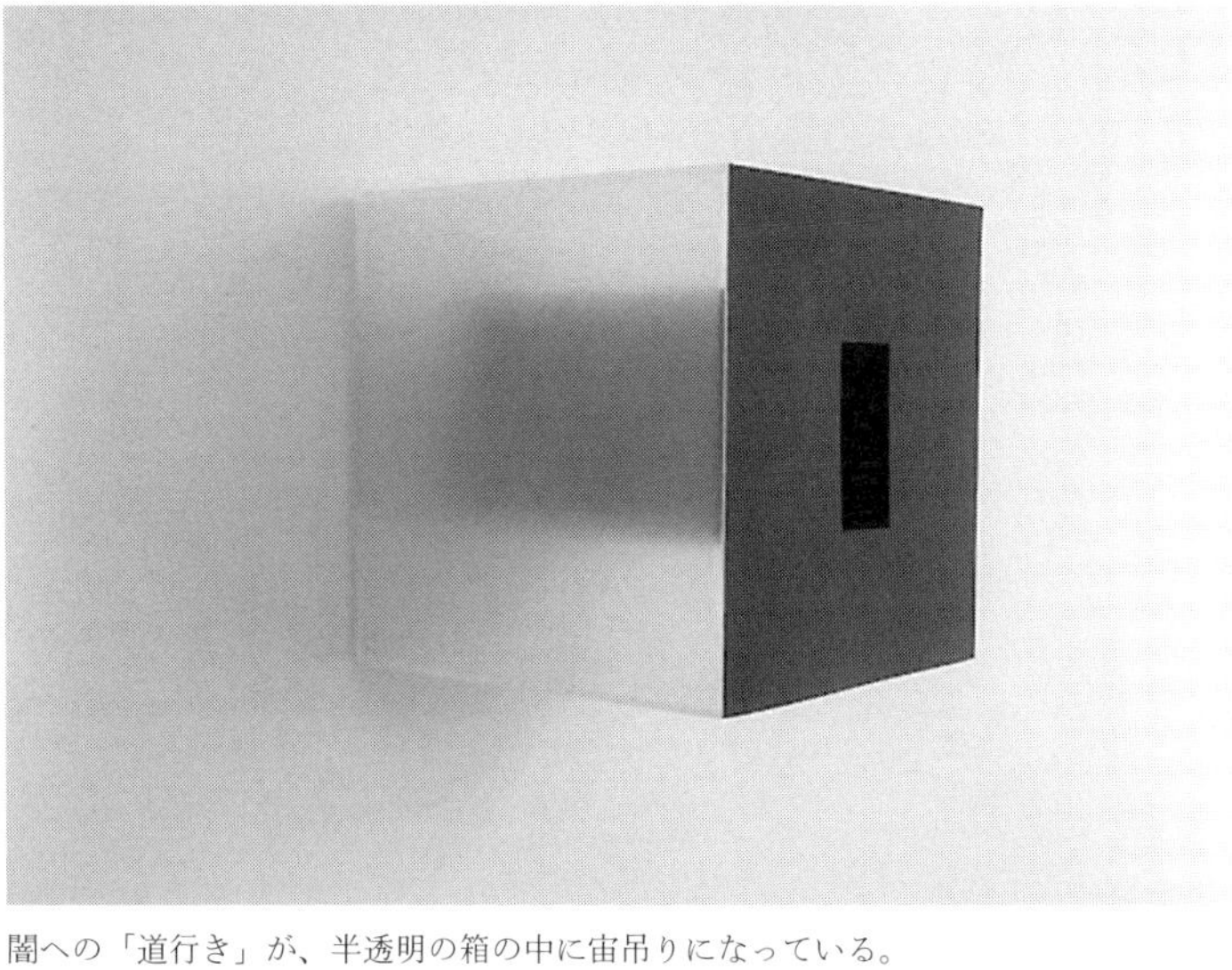

闇への「道行き」が、半透明の箱の中に宙吊りになっている。

直になる。半透明のアクリル硝子を通して上部から入る光は、その曲面で集められ、奥の空間は光で満たされる。床は光に融けてなくなってゆくように見え、そこは浮遊感のある場所に変わる。箱の奥をいくら見つめても、突き当たりはなく、その大きさも距離感も測れない。

黒の箱にも、ドアの形をした長方形の穴が開けられている。そしてその下には黒い床がずっと奥にのびている。箱の上部から入る光は、各層の黒い壁を際立たせ、視線が各ドアをくぐる度に、影の深みに侵入して行く感覚が感じられる。そして、最後のドアを過ぎたあたりから床はどんどん深い闇に包まれ、次第に奥行きが測れなくなってゆく。焦点は失われ、視線は漆黒の闇を見つめる時のそれになる。

この白黒ふたつの『Portable Infinity Device』、光と闇という正反対のものを使って同じような効果が得られる。いずれの場合も人間の知覚の限界で距離感が測れなくなると、そこに無限の広がりを感じるのだ。

また、作品をつくってみて、それらの「無限」がアクリルの箱の中で宙づりになっている様子が、ユーモラスでおもしろいなと思った。箱の穴を通して奥を見ると、白黒ともに果てのない世界が見えるのに、それらを箱の外から見ると、その「道行き」の尻尾が他の次元に吸い込まれたかのように消えてなくなっている。

今回、これら空間の広がりをつくるのに、ドアという建築的な要素が重要な役割をはたしている。ドアは結界であり、また、自分のいるところから別の場所へ移動するための装置といってもよい。思い切ってドアを開けて敷居をまたげば、別世界に突入する。だから英語では、結界のことをthreshold＝敷居という。つまり、そんな意味を持つドア型を幾重にも重ねれば、ドアの数の分だけ世界が分節され、空間のレイヤーと奥行きが増すに違いないと考えた。

それぞれのドア型の大きさは、箱の奥に行くに従って少しずつ小さくしてゆき、壁の間隔も狭くしていった。目の錯覚で、距離がさらに引き延ばされて感じられると思ったから。結果、視線は加速度的に奥へ奥へと誘われて、手のひらに入ってしまうほどの小さな空間の中に、実際の大きさの何倍もの広がりが生まれることになった。

できあがった携帯無限装置を見ているうちに、それを持ってニューヨークの町を散歩することを思いついた。タイムズスクエアの横断歩道で、地下鉄の車内で、セントラルパークの散歩道で、私が箱を掲げて見ていると、道行く人たちは興味津々で、皆、箱の中をのぞきたがる。そして、その箱の中に広がる世界を見てびっくりする。白い箱の中に広がる光の世界、黒い箱の内に潜む闇の世界、その小さな箱の中に現れた深い道行き、みんな魔法のようだと目が釘付けになり、子供のように喜んでくれた。「無限」へつながる秘密の入口を持ち歩いて、みんなにタイムトリップをしてもらっているような気持になった。

そんなことをしていたら、アートを通してまちづくりの活動をしているローアーマンハッタ

ニューヨークの地下鉄の中に出現した無限。

タイムズスクエアの歩道に設置した『Portable Infinity Device』。

ン文化協議会（第13回参照）のディレクターから、この装置をもっと大きなスケールにしてニューヨークの街角に設置したいという依頼を受けた。そこで、私は、光と闇ふたつの携帯無限装置を合体させた等身大の作品を提案した。どんなに小さな場所にも無限の広がりが生まれる可能性があるということに加えて、光と闇という正反対のものが人間の知覚を越えてつながっているかもしれないという不思議も同時に感じてほしかったから。

長方形の箱の片側は白いドアで「光の道行き」をつくり、反対側は黒のドアで「闇の道行き」をつくる。箱は水を満たしたプールの中に鏡面ステンレスのポールで固定し、箱が地面から浮かんで見えるようにし、また、見る人は、階段を登って箱の中を覗く設計にした。半透明の箱の中には、光と闇、ふたつの無限が宙吊りになっており、箱の外からうっすらそれらの影を見ることができる。残念ながら、予算の関係で計画延期となりまだ実現できていないが、ニューヨークの町の中にこんな装置が出現していたら、さぞかし楽しかっただろうなと思う。

ニューヨークをはじめ世界のほとんどの都市では、土地は細分化され、測量され、不動産として切り売りされている。そして、人々は、空間の大きさは固定していて形が変わらない物だと思いこんでいる。でも、本当にそうだろうか。どんなに小さな場所にも無限の広がりをつくりだすことができる。空間の大きさは、ちょっとしたことで簡単に変わる。これは、そんなメッセージを込めてつくった小さな作品のお話。

大きいサイズの作品の提案をしてから約10年後の2016年9月、シュツットガルト（ドイツ）郊外の公園で実現した。白い階段側からは光の無限が、黒い階段側からは闇の無限が見える。床に水面を作る代わりに、箱を支えるポールの周りにこの地域で採れる砂利を積み上げた。

『Infinity Device』Goppingen, Germany, 2016
公園に作品を設置すると、子供たちが集まってきて、不思議そうに箱を覗き込んでいた。

第16回　1本の線が持つ可能性

舞台装置を通して建築を考える

「予算がないのだけど、次のダンスの舞台装置を考えてくれないかなあ。」友人のサリーから頼まれ、練習風景を見に行った。会場は、PS122と呼ばれる小さな劇場。マンハッタンの東南部、イーストビレッジと呼ばれる芸術家が集う地域にある。PSというのは、パフォーマンス・スペースの略だが、もともとは公立の小学校だったためパブリック・スクールという意味もある。廃校を転用して使っているので、その名残で舞台のまん中に2本の丸柱がでーんと立っていて、決して使いやすいとは思えない劇場だが、若手のダンサーや劇団の間では人気があり、実験的なライブパフォーマンスの場として老舗的存在だ。

サリーが率いるダンスグループの練習風景を見ているうちに、その2本の黒い柱を結ぶように黒い線を入れることを思いついた。そうすれば、それは舞台の上手と下手を結ぶ場所になり、同時に舞台の前後を隔てる線となり、面白い空間効果が現れるのではと思った。

舞台の中央に黒い線を引くことは、比較的簡単にできる。なぜならニューヨークの小劇場のフロアーは、長尺のシートが舞台の長手方向に平行に床に貼られていることが多いから。そして、その床シートの裏表はそれぞれ白色、黒色になっていて、ダンスのテーマにあわせてリバーシブルで使えるようになっている。だから、そのまん中のシート1本だけを裏返しにするだけで、黒いラインが舞台中央に現れるはずだ。そうすれば舞台は2つの場所に分断され、こちら側、向こう側という2つの世界が生まれるだろう。さらに、そこに照明効果を追加すると、それらの対比はさらに強まる。たとえば、線の向こう側は暖色の光、こちら側を寒色の照明にすれば、観客はそこに、内外、寒暖、希望と絶望など想像力にまかせて、隠喩的な意味を付加してパフォーマンスを楽しんでくれるのではないだろうかと思った。

舞台セットをつくるのではなく、ステージの床シートをただ裏返しにするだけという私の提案に対して、サリーは初め半信半疑だったが、「とにかく一度、試してみよう」ということになった。運良くシートは柱を挟んで左右対称に振り分けられており、まん中のシートを裏返してみると舞台中央に黒い帯が力強く現れ、それは両側の柱と一体化して、まるで天地が逆転した橋のように見えた。

すると案の定、舞台上を移動するダンサーの動きに今までと全く違う意味が生じ始めた。黒い線のこちらから向こうに移動するとき、違う世界を行き来しているように見え、また、線上

PS122のステージ。「舞台装置」をつくる前の様子。2本の柱が舞台中央にある。

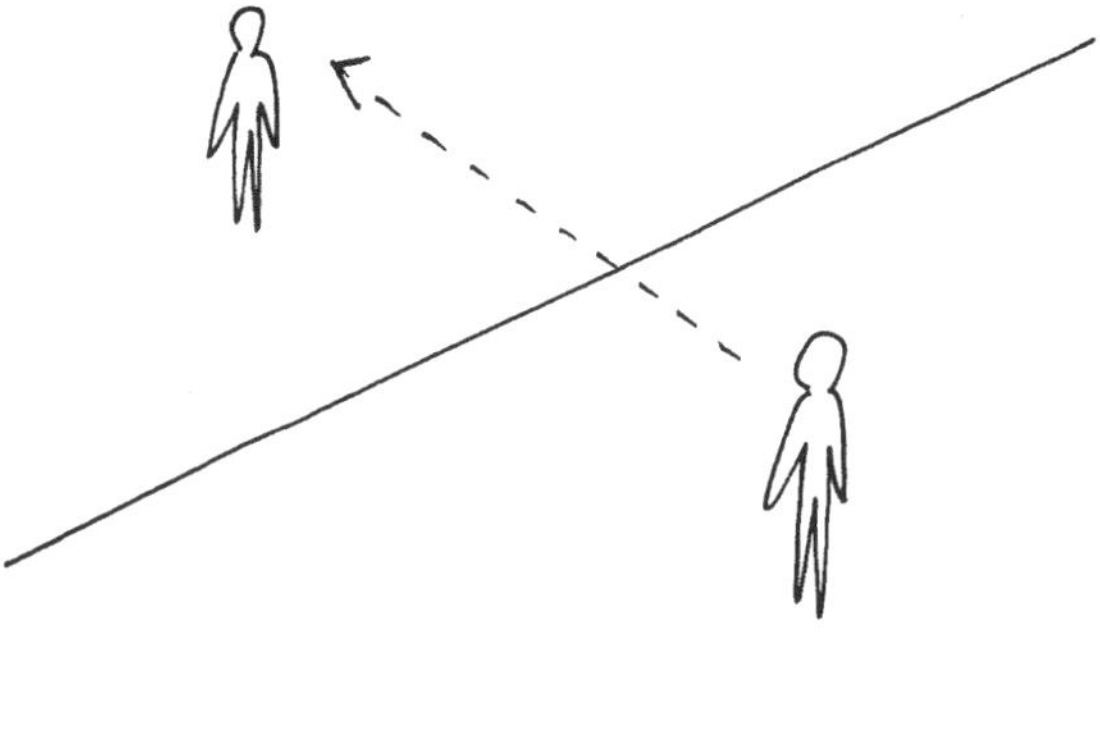

コンセプト・スケッチ。一本の線を引くと、2つの場が生まれる。

に留まると、橋の上にいるように見えた。また、ダンサー達が舞台上で動きまわると、線を境に両者の間に新しい関係性が生まれたり消えたりした。

たった一本のラインがまさかこんなに大きな力をもっているとは。その効果は、予想をはるかに上回っていた。線が世界を隔てる壁に見えたり、橋のような境界空間になったりしながら、「建築」として働いているのだ。

実は、サリーに頼まれて舞台美術を考えたのは、これが初めてではなかった。いつも「制作費が安く」、「すぐに設置したり撤去したりできるもの」というのが条件。だから、自然と最小限の要素で最大の空間効果を追求するコンセプチュアルなデザインをすることになる。

これまでつくった他の例も少し紹介してみたい。

Puppy-Skillsは前述の作品に先立ってやはりPS122で作った舞台装置で、舞台中央に三次元フレームが浮かんでいる。床も壁も黒くした舞台中央に白い門型フレームを置き、その足下に白色テープで同じ大きさのフレームを貼りつけるだけの舞台セットだ。門の材料は、角材に白ペンキを塗っただけ。白色テープも荷造り用のものだ。華奢な材料なので軽くて持ち運びも簡単だ。これを舞台中央に「置く」と、ダンサーはそのフレームを前後左右にくぐりながら踊り、その動きは、三次元に絡み合った空間を自由に行き来しているように見えた。また、それは、ダンサーどうしの複雑な関係性も表現してくれた。

Sally Silversのための舞台装置。『Yessified』の舞台風景。PS122にて（New York, 2009年）。舞台のまん中の1本の線（黒い帯）が新しい関係性を生む。

『Puppy-Skills』の舞台風景。PS122にて（New York, 2005年）。舞台のまん中に3次元フレームは浮かんでいるようにみえる。

『Ruptable』の舞台風景。Irvine Barclay Theatreにて（California, 2007年）。ダンサーの動きに呼応して、ドアに見えたり、部屋に見えたりする門型フレーム。

門型が吊り上げられると、それは「建築」からオブジェへと変化して見えた。

『Ruptable』は、やはり門をモチーフにした作品だが、ここでは、門型フレームを空間を編み出す装置として建築的に使うだけでなく、ダンスの中盤でフレームを舞台上に宙吊りすることで、門を「建築」からオブジェに変化させてみた。

最後に、2011年、神戸国際会議場で催された阪神淡路大震災の追悼メモリアルの舞台装置を紹介したい。舞台上に吊った何の変哲もない白いパイプを折り曲げて形を変え、光を当てて色を変化させた。一本の線から白い家型、青い山並みへ。そして、地震計を思い起こさせる赤い稲妻から倒壊した家屋の形になり、やがて美しい緑の山にもどるという、一編の詩のような世界をつくった。フィナーレでは、その家型は出演者が現れるゲートとしても使われ、「もの」から「オブジェ」、そして「建築」へと変化させた。

日常の生活の中で、人間が建築と関わることで「空間が生まれる」様子が、純粋な形で見えてくることは少ない。しかし、舞台の上では、抽象化された建築の要素がダンサーの動きや、光の変化に呼応して、次々と空間が創出される様子がビビッドに感じられる。一本の線があるだけで、そこに境界ができ、ふたつの世界が生まれる。また、門は未知なる世界の入り口を示し、それをくぐり抜けるだけで別の世界に入り込める。ひょんなことから始めた舞台装置のデザインを通して、かえって「建築」の力を強く感じることができた。

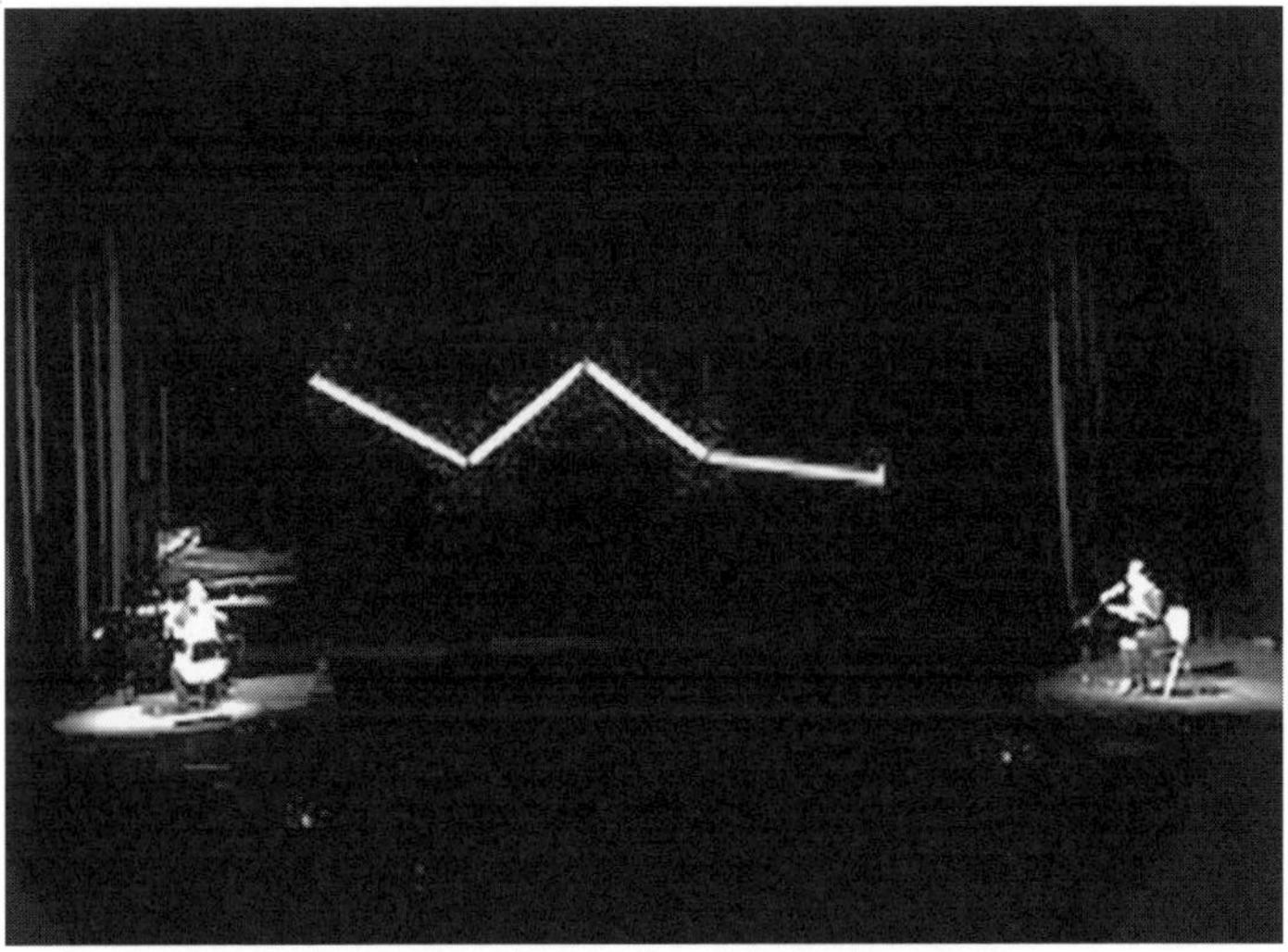

赤い光で照らされたパイプが折れまがった地震の波型を表す。震災での体験を、チェロ（左）の伴奏で朗読する場面。

阪神淡路大震災メモリアル追悼会の舞台風景
2011年1月17日　神戸国際会議場
装置製作：金丸工務店　藤田薫　協力：町の工務店ネット

第17回　Tamatebako
町を旅する可動インスタレーション

「美術館に来られない子供たちのために、館外でもアートの教育ができるようにしたい。知恵を貸してくれないか。」ある日、マットレスファクトリー美術館から一通のメールが届いた。鉄鋼で有名なアメリカの都市ピッツバーグにあるこの美術館は、マットレス工場だった建物を転用して使っている個性的な美術館で、「鑑賞者がその中に入れるアート作品」に特化して収集し、たとえば、ジェームス・タレルの光の作品などが常設展示されている。また、世界各国から芸術家を招待して、常に新しい空間作品を設置している。観客は、それらのアート作品の中に入り、いつもとはちょっと違った空間体験をして帰っていく。また、様々な教育プログラムが催されており、週末には体験型のワークショップや館内ツアー、平日は地元の幼稚園児や小中学生などが授業の一環で頻繁に美術館を訪れる。つまりここでは、アートを通してユニークな空間教育がされているのだ。

そんな素敵な美術館から招待され、うれしくなって早速、ピッツバーグに飛んだ。そして、美術館にしばらく滞在しながら、町を巡回できる可動式のインスタレーション作品をつくることになった。小学校や広場に設置し、子供達が外から眺めたり、中に入って遊びながら空間について学ぶことができるようなもの。空間アート作品でありながら教育ツール、言い方を変えれば「空間について理解を深める」教育的な機能をもつ可動建築である。作品を体験することで空間認識がガラリと変わることを願い、このプロジェクトをTamatebakoと命名した。

まず、スケッチをつくり、それを元に作品の試作をつくってみることにした。微妙な空間認識がテーマの作品だから実物大で検証してみたかった。建築設計では、いつも図面上で縮尺を用いて設計しているので、原寸大で検討するのは新鮮だった。実際にシートをくりぬいて穴の大きさを決め、様々な円筒を布でつくって天井から吊り下げ、その中に自ら入って色や大きさ、光の有無による空間の感じ方の違いを比較した。また、円柱の配置によって変わる空間の奥行き感などを検証しながら配置を決めた。

結果、できた作品は、縦横3m、高さ1・8mの布製の箱に4本脚があるというシンプルな形となった。外皮は2重にし、外まわりはシルバーグレーの布、内壁と内床は赤色の布。箱の中に外光を入れるため、天井は薄い赤い布とした。すると内部空間は深紅に染まった。鑑賞者が穴に頭を突っ込んで内部にもぐり込むため、箱の床には大小17個の穴を開けた。穴のうち7

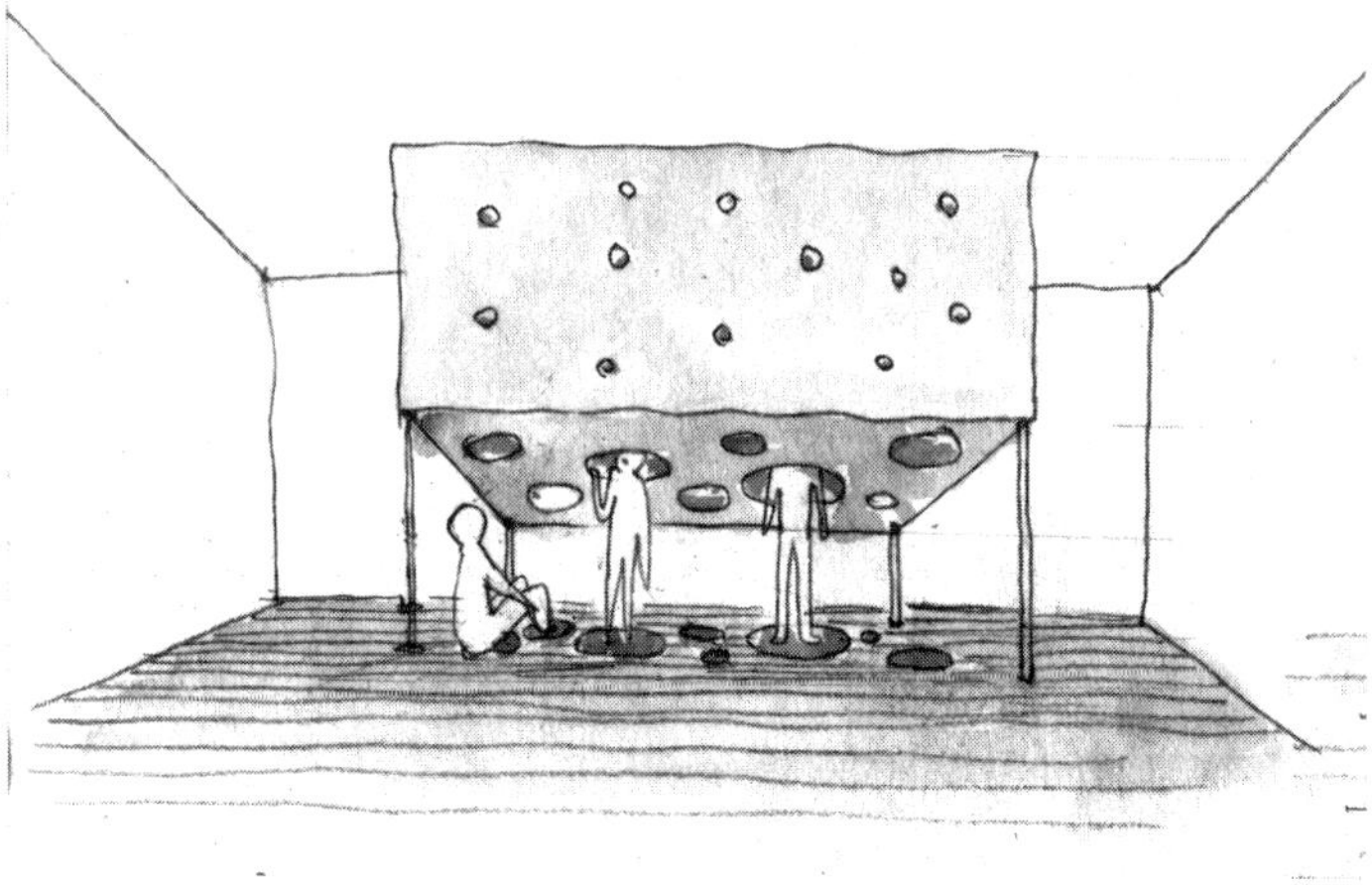

アイディア・スケッチ。外からみたところ。穴に首をつっこんで遊ぶ。

箱の内部。赤い円筒が見え隠れをつくる。穴のうちいくつかは、円筒につながっており、穴に首をつっこむと、それぞれ別世界が見える。

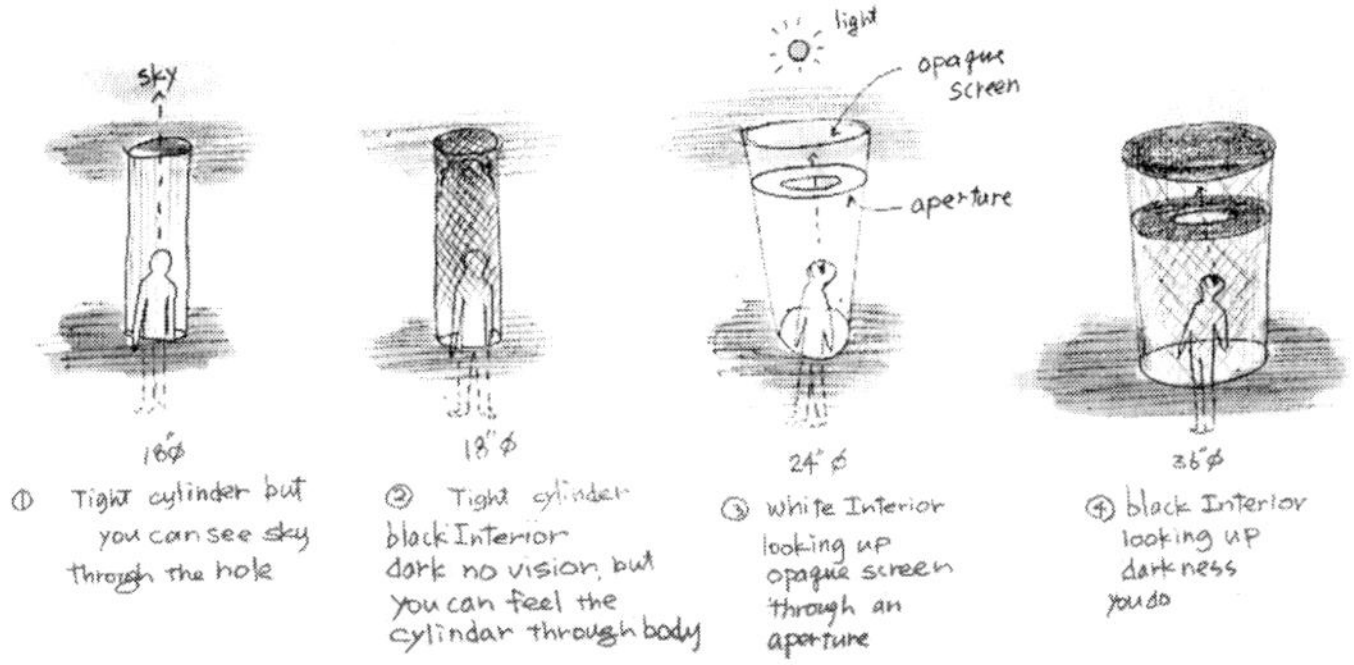

円筒内のアイディア・スケッチ。上部が開いていて空が見える筒、真暗で何も見えない筒など。光の状態によって空間の大きさや印象が変わる。

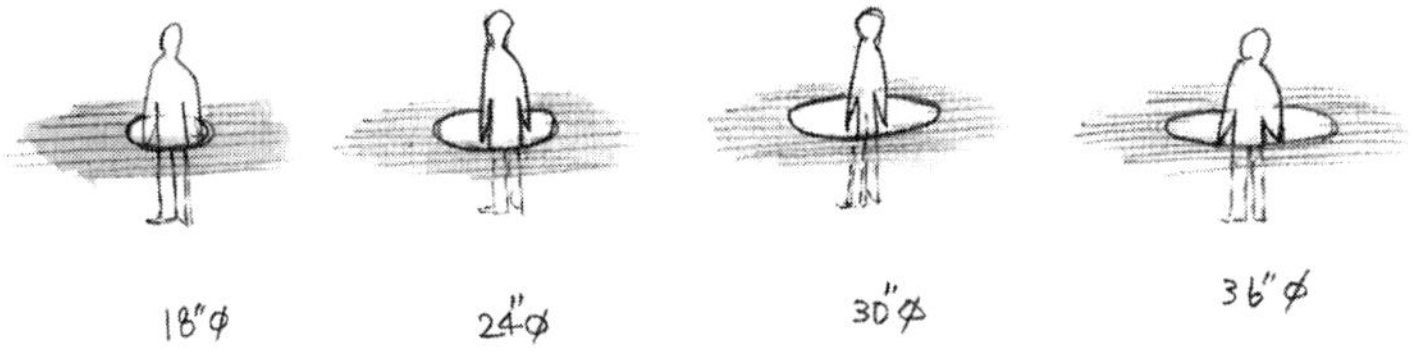

円の大きさの検討。米国でのプロジェクトなのでスケッチはインチ表現。大きさによって、体感する空間が変わる。

試作風景。実物大で穴の大きさを検討する。

試作品で円筒の大きさを検証。

個は布製の円筒につながっており、円筒の内部空間はそれぞれ異なる。入る穴によって異なる空間を体験できるしかけだ。

箱の素材は折り畳みやすく皺にならない布、円筒には弾力性のある布を探し、構造は、誰でも簡単に組み立てられるパイプのシステムを設計した。また、参加する子供の身長に合わせて脚の長さを上下させる仕組みも考えた。最後に、地面に箱と同じ大きさのシートを置き、そこに箱の穴に対応して柔かい赤いクッションを作って置いた。

以下、アイディア・スケッチを重ねながらTamatebakoに盛り込んだ様々なコンセプトを整理してみたい。

テーマ1　空間の入れ子構造と主客の反転の不思議さ

外観は何の変哲もない四角い箱、でも、穴に頭を突っ込んでみると、内部は赤一色で多数の円筒のある別世界。次に、その円筒のひとつに入り込んでみると、そこには別の世界があり、さっきまで内だと思っていた場所が外になる。このように空間が互いに内包し合い、絡み合い、入れ子構造になってできている世界の様態を体感し、内外の逆転、主客の反転が簡単に起きる感覚を楽しむ。

美術館の庭に設置された完成作品。フレームと布性なので簡単に組みたてられる。

穴に頭をつっこんで作品を楽しむ人々。床のシートには、上部の穴に呼応した赤の円形の布を接着。そのうちのいくつかは内部にふわふわのスポンジを入れた赤いクッションとした。

赤一色の内部空間。円筒が見え隠れを作り、人の間にいつもと違う距離が生まれる。

上半身は赤に染まった別世界に。下半身は日常世界に。

Tamatebako

2011年 11月完成
Mattress Factory.
Pittsburgh,USA.
製作：Michael Essad,
Joan Markert (Point Park University)
国際交流基金助成事業

テーマ2　視点が変わると空間の大きさが変わって感じられること

空間の大きさは、見方によって変わって感じられる。たとえば外観と内観とではその大きさが異なって感じられる。特にこの箱の内部では、円筒が多数あることで見え隠れができ、実際より大きな距離感を感じられる。どの穴に頭を突っ込み、どの方向を見るかによって、円柱の重なり具合が変わり、内部空間の大きさは様々に異なって感じられる。

テーマ3　光によって空間の感じ方が変わること

大小の円筒は、半透明に透けるもの、内側に暗幕を張ってあるもの、また、その上部に小さな穴をあけて外光を入れたものなど様々だ。それぞれの穴や円筒を体験しながら、光の状態によって空間の大きさや印象が変わって感じられることを体感できる。暗闇の中では空間の大きさがいっさいわからなくなってしまうし、上から光が落ちてくれば、自分が穴の底に沈んでいるような気持ちになる。

テーマ4　スケール感、身体感覚と建築について

箱の底にあけた穴や円筒のサイズはまちまちで、直径の違いによって「建築」と自分の関係が変わることを体感できる。たとえば、一番小さいサイズの円筒の中に入ると、布がぴったり体に張り付いて、円筒が衣服のように感じられ、空間と身体が一致する。暗闇の円筒に入っている時は、円筒が体に触れるかどうかによって空間の感じ方が大きく変わる。また、地面に置かれた柔らかいクッションを足裏に感じることで浮遊感が生まれ、内部空間の感じ方がさらに変化する。

テーマ5　建築は、人間の関係性に影響する

箱の下にもぐり込んで、穴に頭を突っ込むと上半身は別世界に入り、外部との関係性が切れる。また、2人以上で箱の中に入ると、各々の場所によって関係性が変わる。両方ともオープンな穴にいる時、片方が円柱に入った時、両方が円柱に入った時、物理的な距離感はほとんど変わらなくても、関係性の距離感が変化する。

今回、Tamatebakoの製作を通して、私が日頃、建築の設計をしながら考えていることを整理する機会になり、また、それらを遊具の設計に盛り込んでいくことは新鮮な体験だった。通常の建築では、他の要素に紛れてはっきり見えてこない「空間の不思議」が、Tamatebakoを通して感じてもらえればうれしい。

私達は、いつも空間の中で生きている。もし、多角的な視点で空間を見る力がつけば、みんなもっと楽しく自由に生きられるのではないだろうか。

現在、このTamatebakoは、ピッツバーグ市内の小学校や広場を巡回している。私が考えたコンセプトを子供達が理解してくれているかどうかはわからないけれど、大人も子供もみんな、Tamatebakoと楽しんで遊んでくれているようだ。インターネットに時折アップされている子供たちの写真や楽しいコメントを読むと、とても幸せな気持ちになる。

第18回 UTATANE
映像で空間を出現させる

そこでは、毎朝、4時半に鳥の声で目を覚ます。そして、青い光に包まれた浜辺へと向かう。朝日が昇るまで、砂浜でヨガと瞑想をする。空が少しずつ明るくなっていく。心が眼前の海と同じくらい静かになったころ、遠浅の海に入り、水平線に向かって泳ぎ始める。水面は絹のように滑らかで、生まれたばかりの朝の光を存分に含んでいる。早朝の水は少し冷たいけれど、海の水が体の細胞の中に浸透していくようで、気持ちがいい。しばらく水の感触を楽しんでから、仰向けに浮かんで空を見る。晴れた朝は白い雲が風にゆっくり流される様を、雨の日は、空に浮かぶ雲と、雨と、海が、ひとつながりになる光景を眺める。雲は小さな水滴の集まりで、もともと海の一部だった。私の浮かんでいる水面は、海と空の境界線。私の体は水で満たされ、海との境界がわからない。……そんな事を考えていると、重力がすーっとなくなって体が透明になり、海に溶けてしまうような錯覚を覚えた。

これは私がブラジルにあるSacatar Foundationに滞在した時のこと。そこは、詩人、画家、写真家など、様々なジャンルのアーティスト数人が招待され、自由に作品の創作活動ができるアーティスト・イン・レジデンス。海岸沿いに建つ古いヴィラを改装した宿泊棟のほか、緑豊かな庭にアトリエが点在する。敷地は海に面していて、目の前には遠浅の砂浜がどこまでも伸びる。世界遺産にも指定されている美しい古都サルバドールからランシャと呼ばれる小型船で1時間、イタパリカという小島にある。私は、バヒア近代美術館での展覧会の準備をしながら、そこに約2ヶ月滞在した（第3回参照）。

そんな生活をしているうちに、海で感じた「自然と自分が一体になる感じ」をアート作品にしたいと思いはじめた。ある日、水平線に向かって人が静かに歩いて行く映像イメージが浮かんできた。そのアイディアを話すと、ヴィラに滞在している他のアーティスト、そこで働いている人、近所に住むブラジル柔術の先生などが、ビデオ撮影に協力してくれることになった。でも、潮の満ち干の関係で、一日ひとりしか撮影できない。私は、潮位と太陽高度を考えながら撮影のスケジュールを決め、ひとりひとり別々に海岸に来てもらった。そして、水平線に向かって静かに歩き、海面が肩高になったところで仰向けになって、カメラのフレームから泳いで遠ざかる。そんな単純な動きをしてもらい、それを撮影した。

透き通るような青空の下、鮮やかな色の服を着た人々が、エメラルド色の海に向かって歩いていく姿は、ため息がでるほど美しかった。当初、それらの映像をどうやって作品にまとめるか、全く考えていなかった。でも、ブラジルから戻った翌年、それらを使って空間作品をつくる機会に恵まれた。会場は、アメリカ東海岸フィラデルフィアにあるムーア美術大学のギャラリー。そこで、ブラジルの浜辺で感じた「自分と自然が溶けあって一体になる感じ」をインスタレーション作品として表現することを考えた。海と空の境界線上に浮遊しているイメージが、夢と現実の境目の時間に近いような気がして、UTATANEというタイトルをつけた。

まず、ギャラリーの床に土を運び、無味乾燥な空間に土の匂いを持ち込んだ。そして、部屋の真ん中に木製の桟橋をつくる。次に部屋の両端にスクリーンを設置し、その前の床にミラーシートを敷いた。

水平線に向かって歩く映像は、7人分をひとつなぎに編集した。それぞれの映像は、ひとり毎に天地を逆転させる。それをスクリーンに映写すると海と空が水平線を境に反転し、さらにイメージは床のミラーシートに写り込み、再び、天地が逆転する。すると、私がブラジルで思ったように海と空が同価に感じられるようになった。会場では自分で作曲した瞑想的なサウンドを流した。ブラジルで録音した波の音を通奏低音に、海の静寂に消えていく光をイメージした高音と、教会のパイプオルガンの低音を重ね合わせた。桟橋の上に立って映像を見ていると、海と空の境界空間に入り込んだような錯覚がし、ギャラリーが無限の広がりをもつ場所に感じ

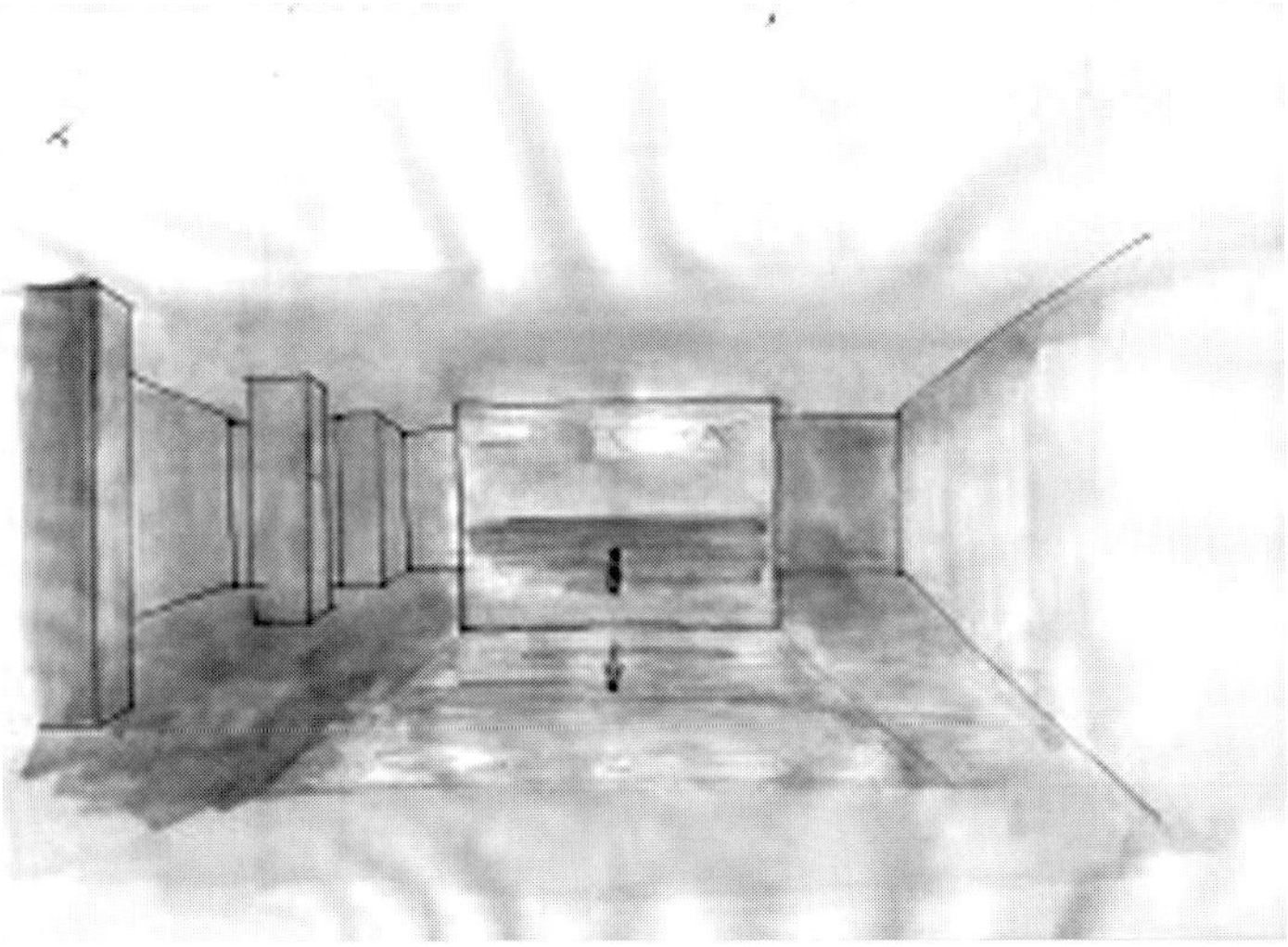

『UTATANE』インスタレーションのイメージスケッチ。

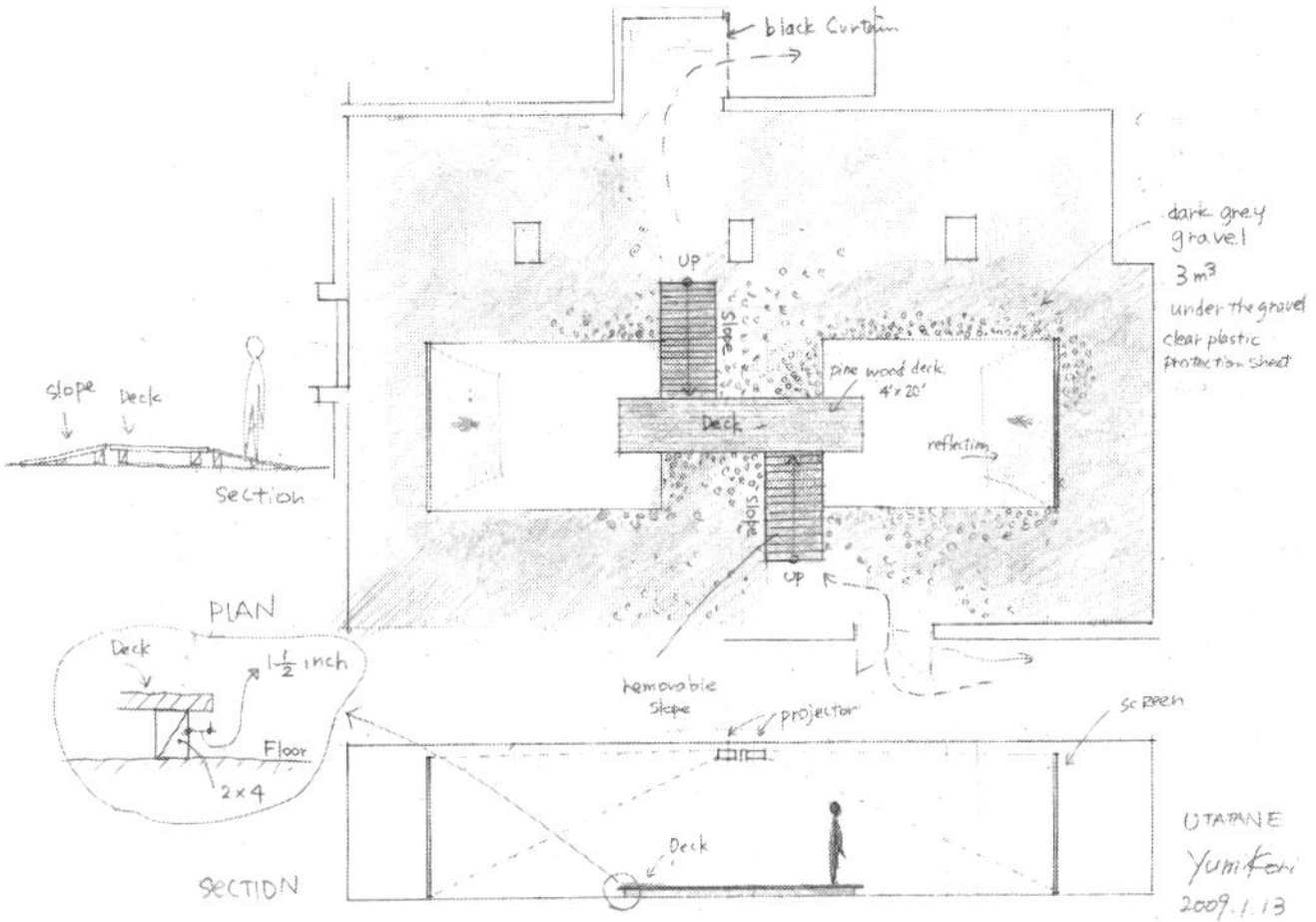

平面、断面スケッチ。

海の映像を流しながら、土を運び込む作業をしていたら、ギャラリーに海の香りがし始めた。

ギャラリーの真ん中に桟橋を作る。スクリーンの前にはミラーシートを敷く。

られた。

通常、映画の中の空間はスクリーンの向こう側にあって外には飛び出してこない。でも、アクション映画を見ている時など、客席にいながら思わず身をそらした経験があると思う。つまり、映像は、鑑賞者に作用して、空間認識に影響を及ぼす。私は、その効果を逆に使って、ギャラリーの中に空間を創出してみようと考えた。両側のスクリーンに映写されている青い海と空、そして水平線を目指して歩き続ける人の後ろ姿。左右の映像を交互に見、それぞれの後ろ姿を追っているうちに両方向からの強い引力が働く。今回は、2つの映写面の間に、緊張感のある「空間」を出現させるという建築的な試みでもあった。インスタレーションは建築と同じで、様々な要素を使って空間を出現させるアート作品だ。だから、実際、会場ですべての要素を設置し終わるまで、思ったとおりに空間が現れるかどうかわからない。

展覧会の設営が無事終わって、オープニングの前日、桟橋の中央に立ってみた。音楽を聴きながら映像を見ていたら、スクリーンの向こうにあるエメラルド色の海へ引込まれていくような錯覚を覚えた。そして、左右の映像を交互に見ているうちに体のバランスを失い、一瞬、平衡感覚がくるったように感じた。映像の力を使って、桟橋の上に普通ではあり得ないような空間が生まれたのだ。あのブラジルの海で感じた、「自然と一体化する感じ」が都会の真ん中で実現できた。

桟橋に立って映像を見る。床のミラーシートには、空と海が逆さになった映像が映り込む。

2つのスクリーンの間に立って鑑賞する。

『UTATANE』インスタレーション

会期 : 2009.1.30 - 3.14
於 : Moore College of Art 、GOLDIE PALEY GALLERY, Philadelphia, USA
作品のカラー写真や映像は、郡裕美HPのwww.yumikori.comで見られます。
ブラジルのアーティスト・イン・レジデンスSacatar FoundationのHPは、http://www.sacatar.org/

第19回　Glass Space
ニューヨーク、ガラス工房体験記①

「さあ、これから2ヶ月間、なんでも好きなものを作っていいよ。何を使ってもいいし、足りない材料があれば購入するし、作り方がわからなければ何でも教えてあげる。」工房の責任者のデービッドが言った。これは、ニューヨーク、ブルックリンにあるガラス工房アーバン・ガラスで、ゲスト・アーティストとして招待されたときのこと。

そうはいっても、何をやってもよいという完全なフリーダムは、私の知っている限り、もっとも大変な状況のひとつだ。自由であればあるほど、自分の発想と創造性がもろに問われるからだ。しかも私は、ガラス作りに関しては無知の素人。炉の中でどろどろの溶岩のように熔けて、光と熱を発しているガラスを前にして、私は足がすくんでしまった。

「この白色に輝く熱い液体から、いったい私は何を作りだしたいのか？　どんな形の？　なんの用途の？……しかも、いったい何のために？」

ゲスト・アーティストとして自由な創作活動を満喫できる天国のような2ヶ月が始まるかと思いきや、その「自由」に押しつぶされる地獄のような毎日が始まった。工房に行っても、何から手をつけていいか全くわからない。注文主もいなければ用途も自由、予算も時間の制約もない。しかも、硝子そのものも、どんな形にも色にもなる「自由」の権化のような素材だ。毎日、「自分は何を作りたいのか？」自問自答しながら工房に通い、何枚もスケッチを描いた。行き詰まると、メトロポリタン美術館に行って、古代エジプトからヨーロッパのアンティック硝子、中世のステンドグラスからアフリカ原住民の作ったサンドキャストガラスを見、デザインショップでアールデコの食器からガラスのアクセサリーまで、ありとあらゆる硝子作品を見て回った。

しかし、それでも私は自分の作りたい物がわからなかった。何ひとつ素敵なインスピレーションが湧いてこないのだ。自分に対してすっかり失望し、せっかく招いてくださったアーバン・ガラスの方々に申し訳ない気持で一杯になり、心身ともに喪失し、ついに半病人のようになってしまった。

「悶々としていても仕方ない。まず、ガラスを知ることから始めてみよう。」

ある朝、半分やけくそになり、ハンマーを使ってクリスタル硝子の塊を叩き割ってみた。ガン、ガン、ガン、ガンガンガンガン……。でも、驚いたことに、ガラスの延べ棒はなかなか壊れな

クリスタルガラスの延べ棒を割る。

鋳造用の樹脂の型から出した蝋。クリスタルの破片の形を写した蝋型。

い。

「そうか、硝子は岩なのだ。」

それでもしばらく叩いていると、硝子の割れるタイミングが少しずつわかってきた。そして、うまく割れたとき、その割肌には水の波紋のような模様が現れる。

「ガラスは固体になっても、液体のように瑞々しく美しい！」

手を動かし始めると、少し楽になった。

「かっこいい作品を作ろうなんて考えは捨てよう。ただ、ガラスと向き合い、ガラスと会話を重ねよう。」

その美しい破片をしばらく見つめているうちに、それと同じ形のガラスを鋳造してみようと思いついた。何をすればいいかわからないときは意味や理由を考えるのはやめにして、直感に従って手を動かし続けることだ。そうすれば必ず次に何かが見えてくる。それに、この挑戦を通じてガラスの鋳造という新しい技術が身につけられる。

まず、樹脂でそのガラス破片の型取りをして鋳型を作り、そこに熱した蝋を注ぐ。そして、蝋が冷えて固まった後、それを樹脂の鋳型からはずすとガラス破片と同じ形の蝋型ができた。そして、今度はその蝋型のまわりに石膏を流し、石膏が固まったらそれを蒸し器に入れる。熱で蝋を溶かして流し出すとようやく鋳型が完成する。最後にその石膏鋳型にクリスタルの粒を詰め込み、電気炉で熱する。それをゆっくり冷やすと鋳造が完成。ガラスも樹脂も蝋も、固体と液体、形と空間、ポジとネガの間を行ったり来たりしながら、互いの形を写しあう。そのプロセスがとてもおもしろかった。

ガラス鋳造の作業をしながら考えていた。熱すると固体から液体へと形を変えるガラスの性質を表現する作品を作れないか。

「そうだ、試しに板ガラスを重ねて熱で溶かしてみよう！」

しかも、この挑戦を通して、ガラス片を熱で融着させるフュージングと、ガラスを熱で曲げるスランピングという2つの技法も体験できる。

そこで、鉄板に5寸釘を上向きに数本溶接し、その上に板ガラスを置き、電気炉に入れて熱することにした。熱による変形をデザイン要素に取り入れるため、乳白色の板と透明の板を2枚重ねにするアイディアを思いついた。

翌日、炉を開けてみると、ガラス板は熱と自重でたわみ、まるで遊牧民のテントのような形になっていた。しかも、引き延ばされた乳白ガラスが薄くなり、部分的に半透明になったおもしろい造形だった。

でも、これではガラスが柔らかくなることはわかっても、液体であったことは感じられない。

「硝子を熔かしてつららを作れないだろうか？」

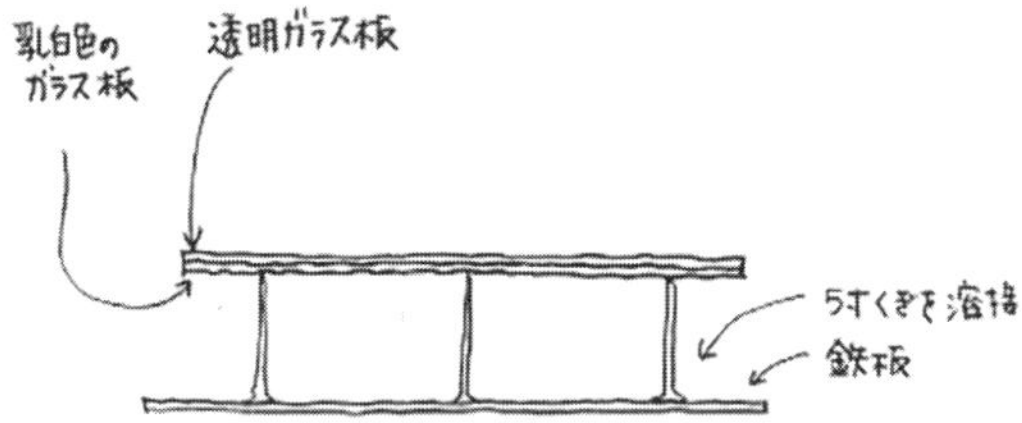

鉄板の上に釘を溶接して台を作り、その上に板ガラスを載せる。

電気炉の中で熱すると、ガラス板が溶けて変形する。

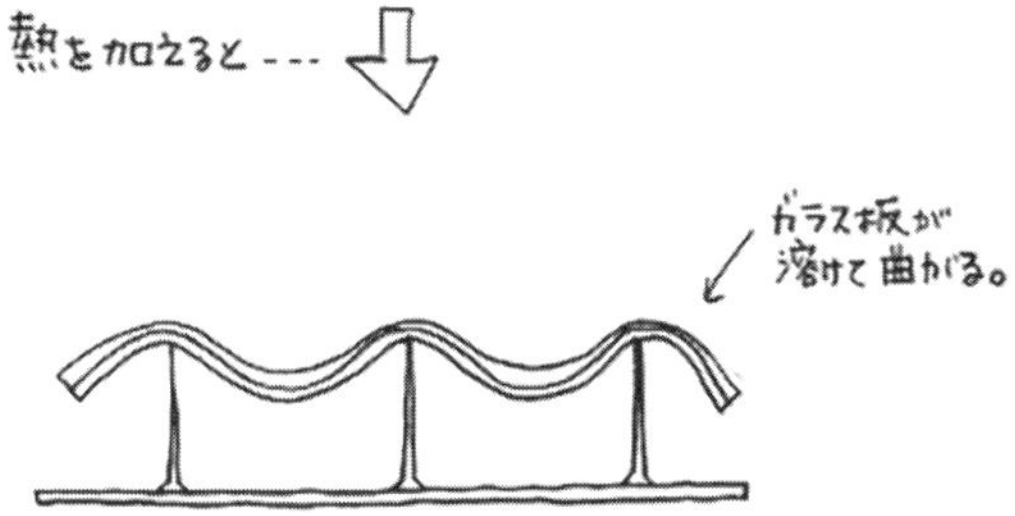

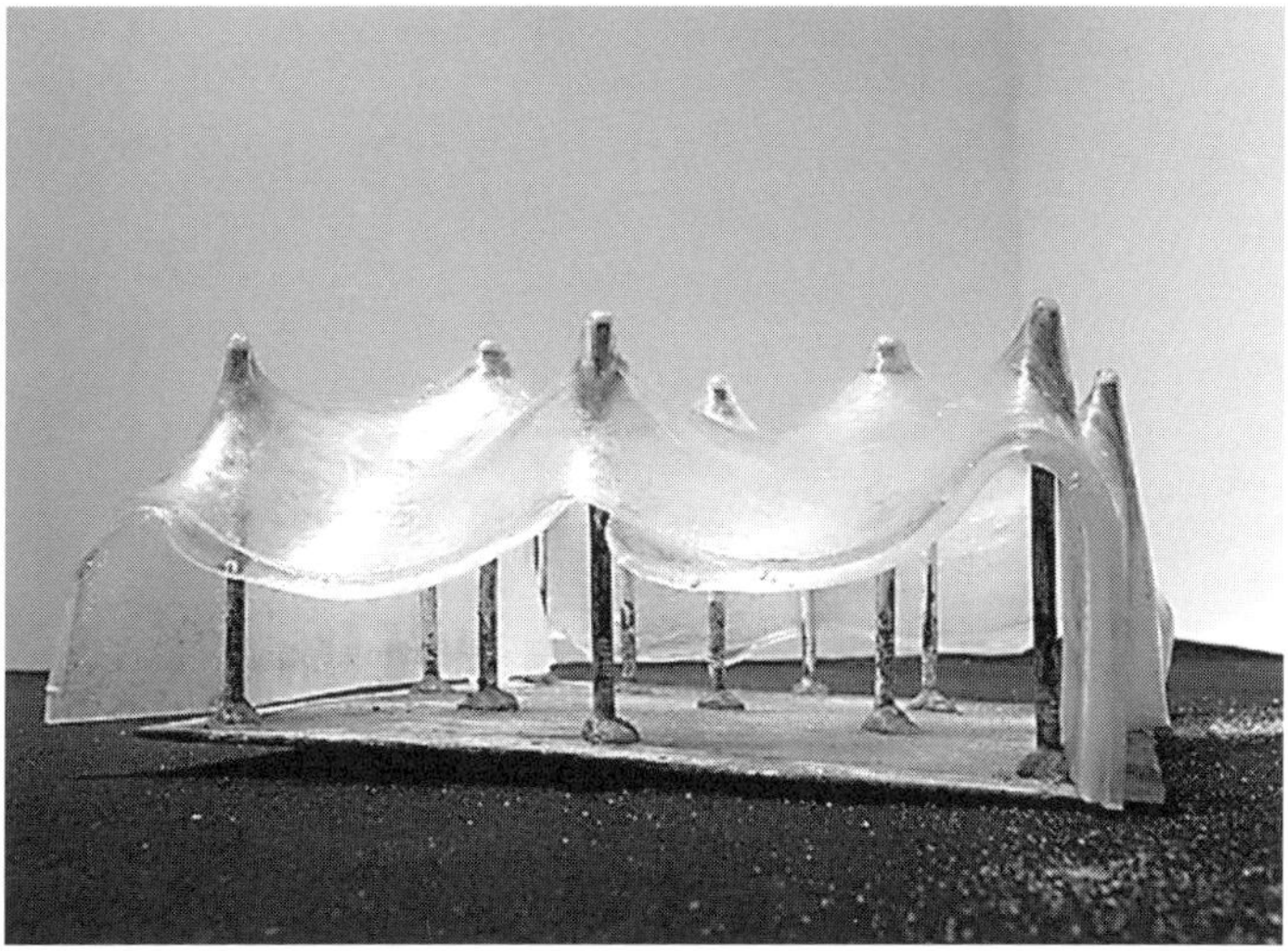

板ガラスを熱して延ばす実験。ガラスが柔らかかった瞬間の記憶が最終造形に残る。

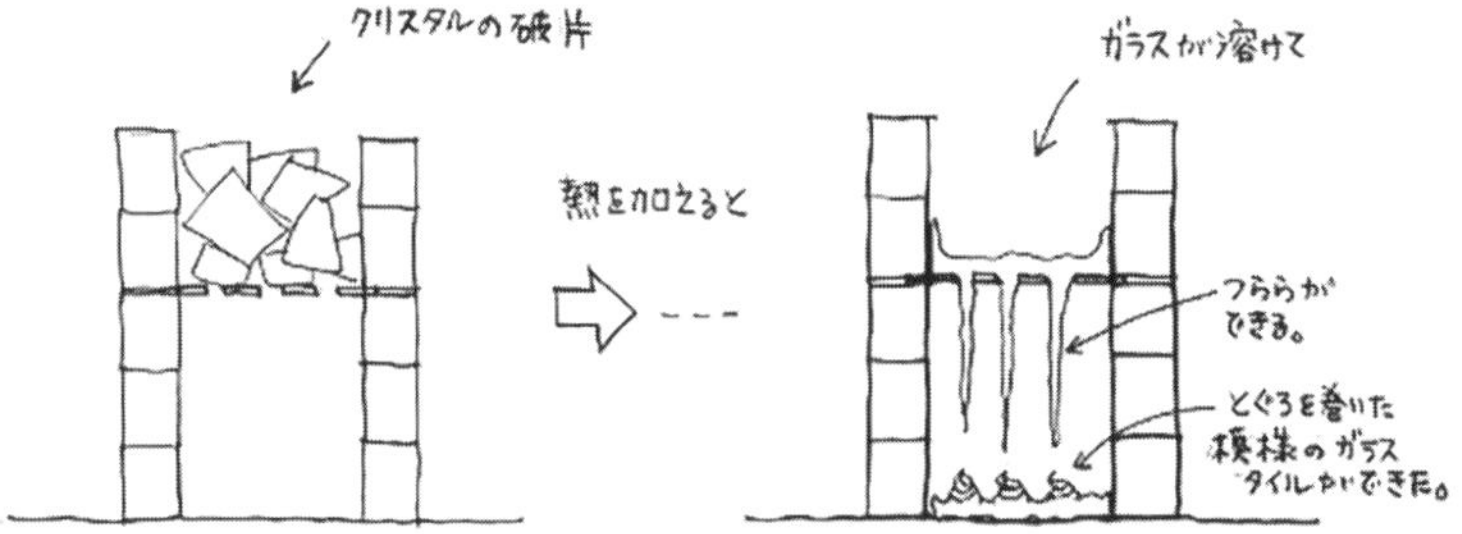

ガラスを熔かしてつららを作る実験。
熱を加える前。

電気炉に入れて熱を加えると
ガラスが溶ける。

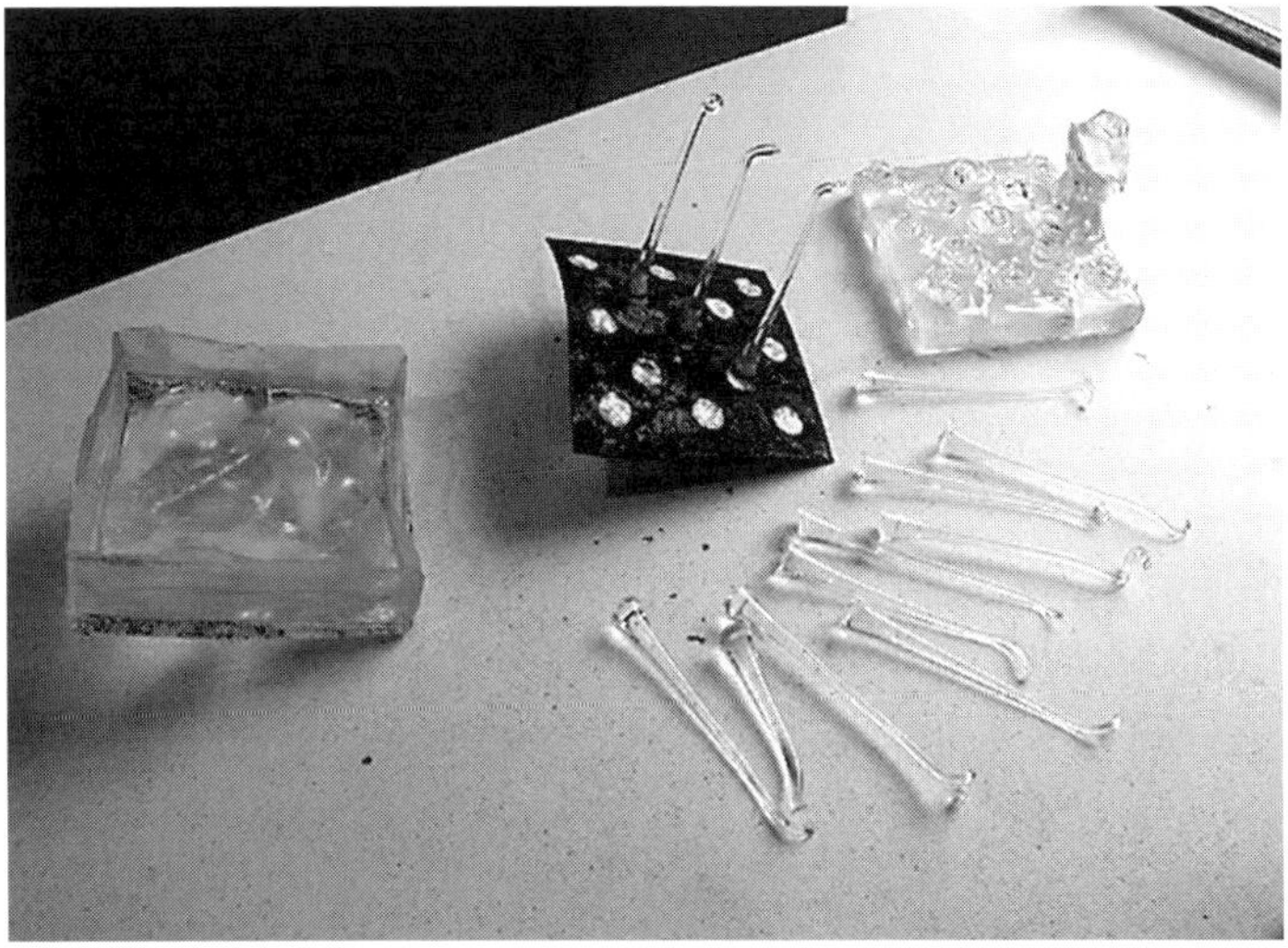

つららを作る実験の作品。左が鉄板の上部に残っていたガラス。まん中が鉄板の穴から流れたガラス（逆さにみたところ）とガラスのつらら。右端は、炉の底に残っていたとぐろ状のパターンが残るガラス板。

そこで、さっそく実行に取りかかった。鉄板に数個の丸い穴を開け、その上にガラスの破片を置いて電気炉で熱すれば、穴からガラスが流れ落ちるはずだ。

翌日、おそるおそる電気炉の蓋をあけてみると、中には美しいガラスのつららができていた。感激！ しかも、鉄板の上部に残ったガラスには水の波紋模様が現れ、下部には、つららから落ちたガラスがとぐろ状になったガラス板があった。これらは、液体だったガラスが個体になっていくプロセスが目に見える、おもしろい造形物だった。

それらを見ているうちに、つららのような突起があるガラスタイルを作るアイディアが浮かんできた。作り方を考えた結果、今度はサンドキャストに挑戦することにした。鉄の箱に砂をいれ、四角い板でタイルの型を押し、丸棒を突き刺してランダムに穴を開ける。そこに、熱い硝子を注ぐとガラスが穴の中につららのように垂れ下がるという計画だ。

第一回目は、穴が大きすぎてガラスが穴の底まで到達してしまい失敗。観察してみると、穴が15㎜以下のところだけ、つららになっていた。そこで2回目は、穴をすべて直径15㎜以下とした。今度は大成功！ 砂に接していた部分は、型板ガラス状に半透明になっているが、つららの先端は、透明なレンズのようになっていた。

完成したガラスタイルを両手に持って、風景を見てみると、つららレンズが風景をデフォルメし、おもしろい視覚効果が現れた。やっと「作品」らしいものができた。

サンドキャストの型。鉄の箱に砂を入れて、四角の板でタイル型を押し、つららを作るためにランダムに穴をあけた。

ドロドロに溶けたガラスを砂の型に流し込む。ガラスが砂に触れたところは、型ガラス状になって固まる。穴に流れ込んだガラスが、ガラスのつららを形作ることを期待。

サンドキャスト1回目。大きな穴を開けたところはガラスが型の底に達してしまった。小さな穴は、ガラスの粘度の関係でつららができ、突端が透明になって綺麗だった。

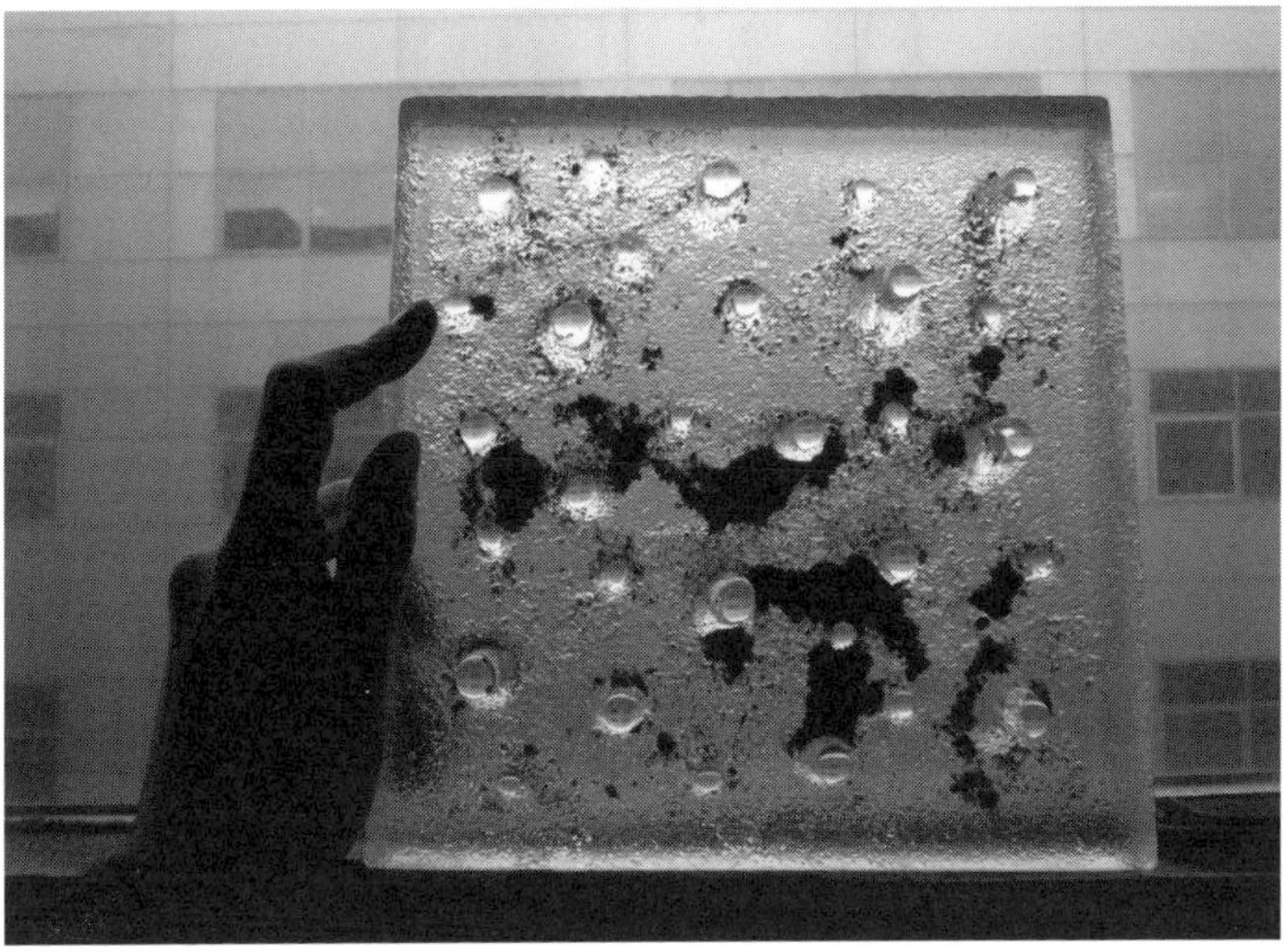

サンドキャスト3回目。試行錯誤の末、サンドキャストの型に15〜10ミリの穴をあけて、レンズ状のつららのあるガラスタイルを作ることに成功。

第20回　記憶の結晶

ニューヨーク、ガラス工房体験記②

ある日、ちょっとした会話のはずみで、誕生日に手作りガラスの抹茶茶碗をプレゼントするという、無鉄砲な約束をしてしまった。しかも相手は、もとニューヨーク裏千家の所長だった山田尚先生（第7回参照）。81歳の誕生会まではたったの3週間しかない。でも、約束してしまった以上、今更、引けない。いいきっかけをいただいたと思って、がんばってみることにした。

まず、吹きガラスの基本を理解するために、ガラス職人に手ほどきを頼み、小さなガラスのぐい呑みを作った。しかし、こういうのをビギナーズラックというのか、試作品が結構いい感じにできた。私の稚拙さゆえ、ガラスの厚みが場所によってまちまちで形も不定形。みんなが知っている、薄くて軽いガラスコップとはかけ離れていた。でも、その手びねりの焼きものを思わせる、無骨で暖かい雰囲気が好きだった。

ところが、いくつか器を作っているうちに、形がスムーズになってきておもしろみがなくなってきた。なぜなら、ガラスのコップを吹きガラスで作る場合、鉄のロッドを回しながら作るので、厚みが均等で断面は円形になるのが自然なのだ。だから、慣れてくるに従って最初の作品のような不均質でオーガニックな存在感が失われてしまうのだ。

その時、気がついた。私が作りたいと思っている器は、溶岩のように熱く溶けていたガラスの記憶を持つ、岩のような存在感のあるガラスだということを。そこで、今度はそれを表現することを考えながら器を作ることにした。

茶の湯に代表される伝統的な日本のデザインの特徴は、左右不対称で不均質、そこに「わび」「さび」の美意識を持っていることがあげられる。だから、茶道のお茶碗を作るとなると、それらを意識しないわけにはいかない。しかし、「わび」「さび」をガラスで表現することができるのだろうか？　お互い相容れない存在のように思ったが、まずはその可能性を探ってみることにした。

焼きものに貫入と言われる手法があるが、それとよく似た表情ができないか？　吹きガラスの指導をしてくれているガラス職人に説明したら、ひび割れの作り方を教えてくれた。成形が終わったばかりの熱いガラスの器をバケツの水にジューッと浸す。すると一瞬にしてガラスの表面に小さなひびが入る。その後、ひびが入った破片がばらばらにならないように、再び熱を施せばできあがりだ。熱し方が足りないと見た目は美しいのだが、ひびから水漏れしてしま

クラックガラス。ガラスコップを作り、わざとひび割れを起す。

泡ガラス。作る工程で泡を入れたぐいのみ。

黒ガラスの破片を交ぜて作った茶碗。ガラスの中に陰が生まれた。

い、器としてはうまくない。ただ、熱しすぎるとひびの瑞々しさが半減する。再加熱のタイミングが難しかった。

ガラスが素材としての深みと味わいを持つ例を探し求めているうちに、アンティックガラスなどで時々見かける泡ガラスを作ってみようと思い立った。そこで、気泡の作り方を職人に尋ねると、作り方は結構単純だった。成形が終わる前のガラスの表面に重曹を振りかけ、再び熱するというプロセスでたくさんの気泡が生まれる。重曹の施し方によって気泡の表情が変わり、器それぞれに個性が生まれ、表情豊かな作品となった。

さらに奥行きのある素材感を求め、オパリーンと呼ばれる乳白色のガラスを混ぜてみたり、透明の泡ガラスの裏に漆のような黒いガラスを重ねてみたり、様々なパターンを試してみた。色によって気泡の存在が全く違って見え、ガラスの厚みが異なって感じられるのに驚いた。

次に試したのが、割れたガラス片を混ぜて模様を作る方法。まず黒いガラスのお皿を作り、それを粉々にたたき割る。この破片を、器を作る途中で透明ガラスに混ぜる。すると、ガラスの中に数々の破片が浮かび、絡み合い、ランダムな模様ができた。器の厚みの中にたくさんの影が生まれ、とてもおもしろいと思ったが、模様をコントロールするのが難しく、次なるリサーチに取りかかった。

細く引き延ばしたガラス棒をケーンと呼ぶ。それを編むようにして器を作るケーンワークに挑戦してみることにした。そうすればガラスの中に、空間のレイヤーをデザインできるのではと思った。まず、ケーンを作るところから始める。作り方は、本当にプリミティブだ。ひとりが溶けて柔らかくなったガラスの玉を鉄の棒の先にくっつけて立つ。そして、もうひとりがもう一本の鉄の棒でそのガラスをひっぱって、ゆっくり離れながらガラスをのばしてゆくのだ。最後に、5〜6mに引き延ばされ、直径5㎜〜15㎜くらいの細さになったケーンを、適当な大きさに切ればできあがり。

次にそのケーンを耐火板の上に並べて熱し、パターンのあるガラス板を作る。ケーンの色や太さ、並べ方を変えれば様々なパターンができる。ガラス職人と話をしながら、様々な組み合わせを試した。製作の過程そのものが模様となり、それが記憶として器に埋め込まれ、作品に奥行きを与えるというのが興味深かった。

2週間以上が過ぎ、そろそろタイムリミットがやってきた。いろいろ考えた結果、山田先生のプレゼントには、シンプルな泡ガラスの茶碗を作ることにした。いろいろ技巧を凝らすより、穏やかな先生にはそれがピッタリの気がしたし、「わび」の心に近いと思った。

そして、誕生パーティーの日、親しい友人20人ほどが集まって、飲んだり食べたり笑ったり、楽しい時間を過ごした。病床にあった先生もその日は元気にソファに座り、得意の歌も披露してくださった。そして、お弟子さんが点ててくれたお茶を、私の作った茶碗でうれしそうに飲

熱いガラスをひきのばしてガラスケーンを作る。

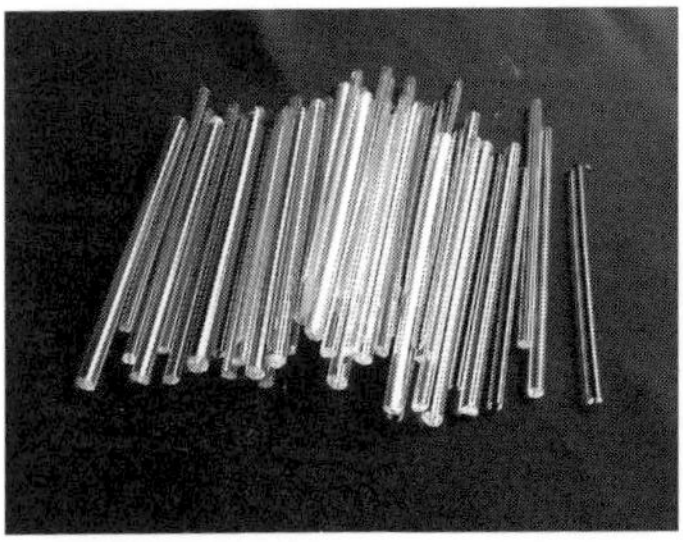

長さを切りそろえたガラスケーン。

短かく切ったガラスケーン。

ケーンを長辺方向に編む様に作った作品。

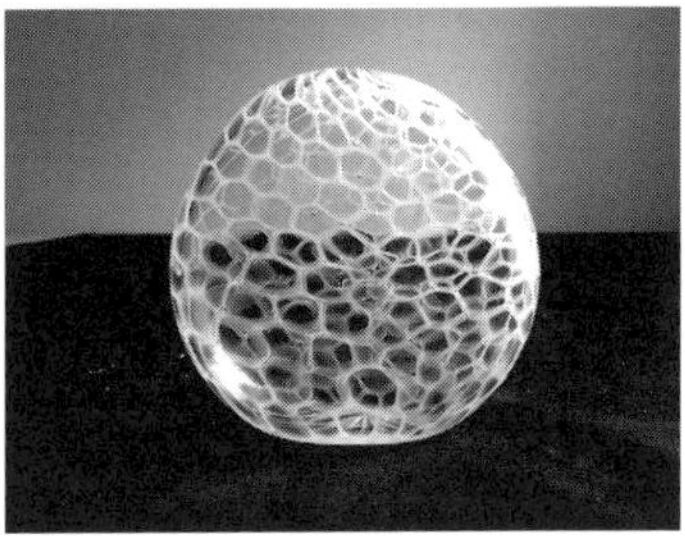

ケーンを短辺方向に並べて作った作品。

ガラスのお茶碗に『Snow in Spring Sky』と銘をつけた。

んでくださった。

でも、残念なことに、それが先生の最期のお茶となった。その2週間後、桜の花が満開の晴れた朝に、先生は静かにお亡くなりになった。

泡ガラスの茶碗の中に、ふんわり点てられた抹茶は、若々しい緑色が目が覚めるほど美しかった。「夢見る力」は、先生の心に届いただろうか。これからもその力を信じ、創作活動を続けていきたい。

伝統的建造物の再生と新たな価値の創造

「関係性」の再構築

建築は、設計という過程に於いて、人と人、人と物、人と社会、人と自然など、様々に絡み合う「関係性」を整理し、調節しながら成立していく。また、その上に、その時代の生活習慣や経済、建築技術など、建築論とは違う次元の「関係性」がさらに重なってくる。「関係性」が「空間のかたち」を作り、「空間のかたち」が「空気の流れ」を創り、「空気の流れ」がまた新たな関係を生む。内と外、公と私、明と暗、静と動など、2つの違った性質の間に対流が起きる。様々な「関係性」によって作られるその流れは、建築を構成する各要素によって、堰き止められたり、加速されたりする。無論、それらが建築の全てを表現していないことは明白だが、建築や空間を語る上で、重要なキーワードとなることは間違いない。

建築に於ける様々な「関係性」を考える上で、歴史的町並みの修復・再生は、非常に興味深い。まず、現存する架構の調査や聞き取りにより、その建物のオリジナルの形体を想像してみる。間取りや、建具の様子などから当時の「関係性」を推察する。そして、それらによって形作られた特徴的な空間性や、その機能を発見する。ある時代の生活様式や社会状況、気候風土などの様々な「関係性」が複雑に絡み合い、「伝統様式」が生み出される過程が見えてくる。さらに、そこに現在の「関係性」を重ねて、歴史の中で育くまれてきた既存の「空間のかたち」とすりあわせる。それによって、伝統的な「かたち」は、新しい「空間のかたち」に読み替えられ、そこに生きた「空気の流れ」が生じる。空間が再構築され、単なる様式の修復ではなく、「伝統のかたち」を越えて、その地域の「新たな様式」として育っていくとき、古民家や町並みが「再生」する、つまり「生きて蘇る」という本来の意味が生まれることとなる。

周知のとおり建物は、木材や石材、建具、瓦、などの様々な材料が組み合わされて作られたものである。それら建材や建物のパーツの中には、文化財として修復されるべきものもある。そして、それらの歴史的、芸術的価値の高いものは、しばしば「文化財」として博物館に収められる。しかし、「建築」そのものを博物館に収めることは大変難しい。なぜなら、「建築」は、内外の空気の流れや、そこに生活している人たちの「関係性」を持って生まれてくるものだからである。建築が博物館に移築され、鑑賞する側とされる側という関係が生まれた瞬間に、それは、今までの「建築」とは別のものとなり、骨董品、美術品と化す。

国や自治体では、伝統的な町並みを再生するため、その修復工事に対して補助を行っている。

しかし、ほとんどの場合、昔の写真や文献、あるいはかろうじて残っている職人の記憶と技術力を借りて、表層的なデザイン要素を真似る段階でとどまっている様に見受けられる。補助対象のガイドラインの多くも、ある時代の特定の様式が選ばれている。そこでは、現在の、もしくは未来まで見据えた「関係性」が重ね合わされず、過去と現在との生活様式の誤差を修正する作業が抜け落ちている。おそらく、補助対象のガイドラインを作成するに当たり、個々の建物や土地の持つ個性や、そこに現在住んでいる人々の生活様式などの「関係性」を読み取るところまで、言及することが困難だからであろう。その結果、町並みはまるで博物館の展示品や舞台セットと化し、活気のある空気の流れが消えてしまう。あるいは、その誤差を修正できず、その町並みとはまったく異質の建物が出現してしまうのである。

千葉県香取市佐原は、古くから水郷の町として栄え、市街地の中心を流れる小野川沿いには小江戸とも呼ばれる歴史的な町並みが残る。1996年に関東地方で初めて重要伝統的建造物群保存地区に指定された翌年より、私達は、景観整備事業の一環で歴史的建造物の再生に携ってきた。国や県から補助金を受けながら、この20年で設計監理した建物は、16棟になった。

一連の設計に当たって私達は、各々の建物が建設当時にもっていた伝統的な様式に、現在の「関係性」を重ね合わせることを積極的に試みた。トオリとミセ、残すものと新しく作るもの、昔の間取りと現在の用途、住まいと事務所など、様々な関係を読み取り、それらを環境の変化や技術の進化などとすり合せながら、「伝統」を現代に読み替えて再生してきた。これまで私達が佐原でとりくんできた事例をもとに、伝統的な建物や町並みの再生について、また「関係性」の再構築について、様々な視点から考えてみたい。

伝統を現代に読み替える　しゅはり（小森家の再生）

「しゅはり」は、明治中期に建てられた商家の再生である。重要伝統的建造物群保存地区より300mほど離れた景観形成地区に位置する。町並み修復の補助金対象区域外ではあるが、この古い家屋を改装し、佐原の町並み保存の拠点にできないかという施主の強い意思によって実現された。この建物は、もともと質屋として建てられ、歴史のなかで形や用途を様々に変えてきた。戦後、炭屋を経て布生地屋に変わり、さらに昭和40年頃、その店の半分が不動産店となり、その後も様々な手が加えられた。それに伴い、この建物の当初の姿はすっかり失われていった。

改修前の外観は、伝統的な日本家屋であることが全く分からない「看板建築」と化していた。軒は切られ、ショーウインドウが設けられ、大屋根の一軒家は二つに分断されて、伝統的な空間の記憶は跡形もなくなっていた。内部には間仕切り壁が作られ、光も風も通らない、暗くて閉塞感のある空間となっていた。改装にあたり、増設部分全てを解体し、もともとの架構を現しにした。そして、柱のホゾ跡や、住人への聞き取り調査をもとに建設当時の建物の記憶を注意深く辿り、そのころの町並みの特徴を探り、それらに新しい「関係性」を重ねていった。

佐原の町並みには、深い軒下空間が多くみられ、内部と通りの関係が柔らかく繋がれている。そこは、公私の境界の、ちょうど縁側的な空間となり、町並みに奥行きのある表情を与えている。古写真をみるとそれが活気のある町を作るのに貢献しているのがよくわかる。実際そこは、今も年に二度の祭りの時に山車を見物する場所になっている。軒下空間は、佐原の人々、そして町並みにとって、重要な意味を持っているのではないかと思い、町を踏査し、町並みの観察をしてみた。すると、置き敷居式の格子戸と擦り上げ雨戸によって形成される古いタイプの軒下空間、格子戸とガラス框戸で構成される次世代の軒下空間、また、格子戸がガラス戸に変えられて軒下空間が消失してしまった例など、軒下の状態が時代と共に様々に変化している様子がわかった。

再生にあたっては、不動産店舗としての目的や、まちづくりの拠点となる意味も込めて、軒下空間を目に見える形で再現することにした。しかし、店舗空間は道行く人たちに、できるだけ開放したかった。そのため、やや視線が遮られてしまう従来の格子戸の代わりに、看板も兼用する透明な強化ガラスの「暖簾」を設けることにした。そのガラスは、風景を映し込みながらも内部の様子を伝え、格子の持つ半透明な性格を踏襲している。意図的に現代的な素材を使

ガラス戸と置き敷居の格子戸の組み合わせでできた佐原の伝統的な軒下空間の例。

しゅはり（改装後）。暖簾に着想を得た強化ガラスの看板で軒下空間を作った。不動産広告は左の箱に入れて閲覧してもらうシステムとした。

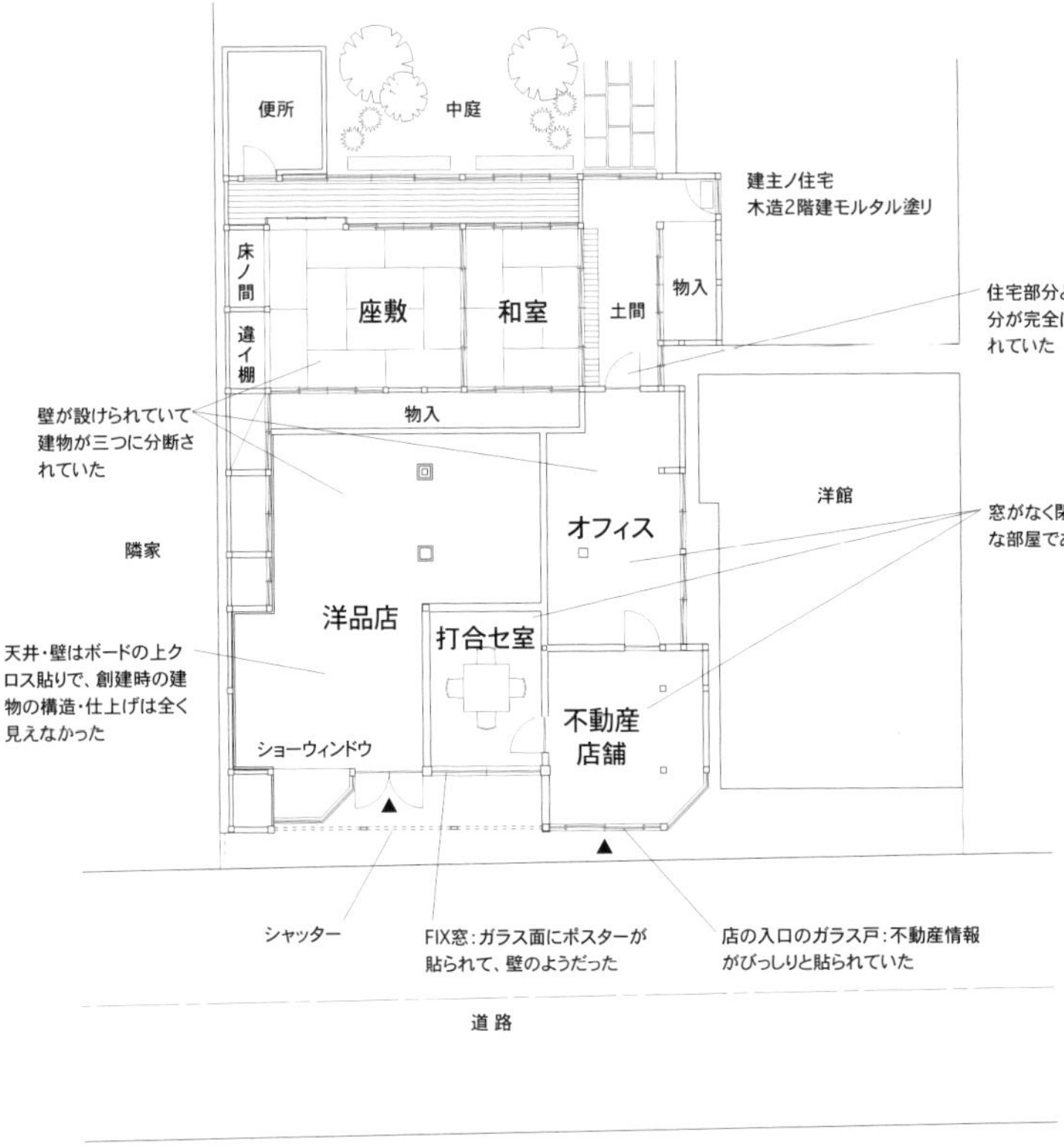

しゅはり改装前平面図。2つの店舗（洋品店と不動産店）と裏の住宅、3つの空間が壁で分断されていた。

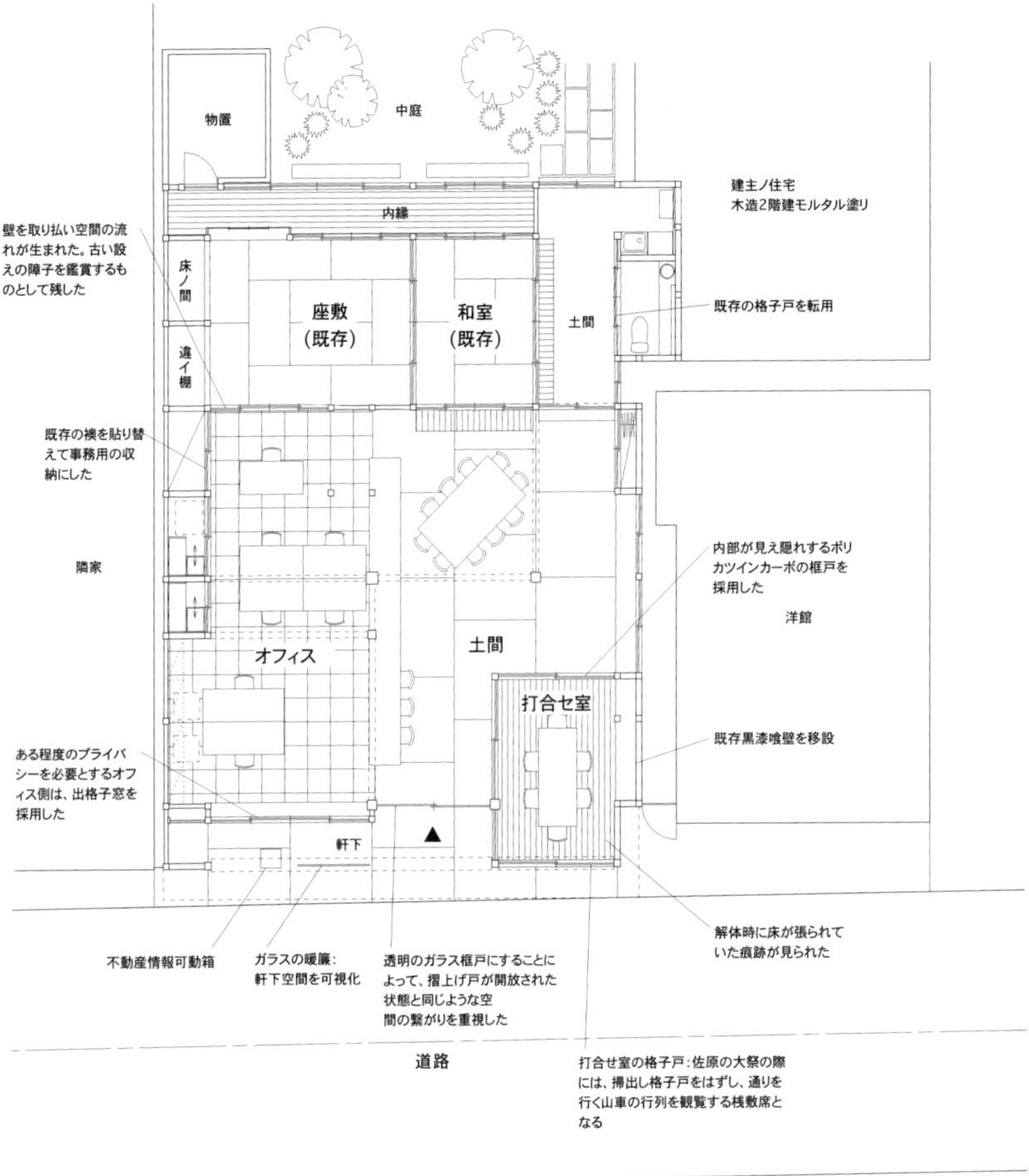

しゅはり改装後平面図。軒下空間を再生、間仕切り壁を撤去、土間を再生、道路から中庭へのつながりを再生。

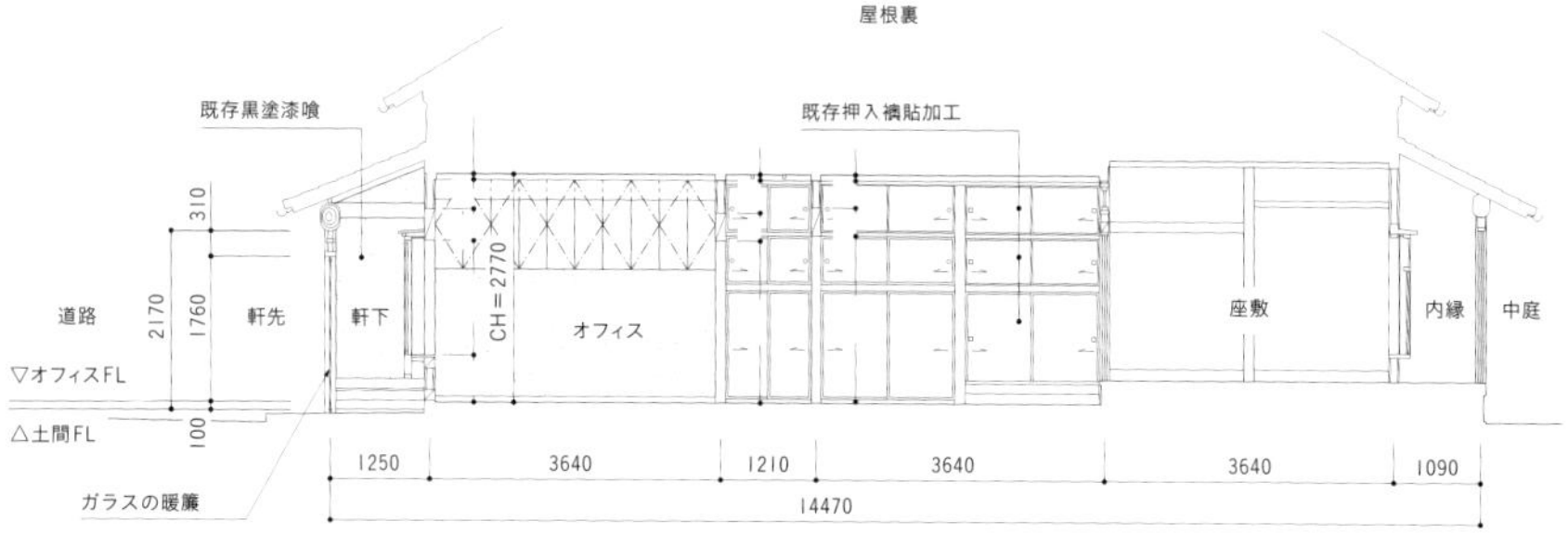

しゅはり改装後断面図。軒を作り、軒下空間を再生し、間仕切り壁を撤去して障子とし、道、軒下、オフィス、座敷、中庭へと空間を繋げた。

佐原の軒下空間における建具の種類と位置の変遷

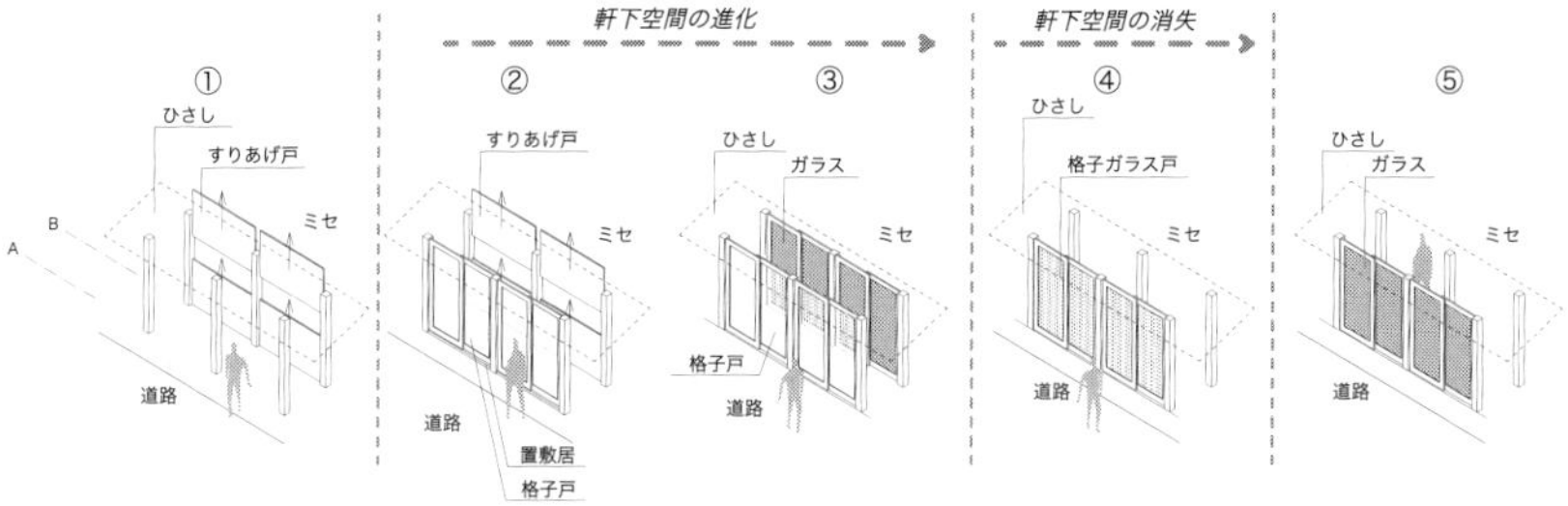

佐原の軒下は江戸時代から現代まで様々な形に変化してきた。軒下は、中間領域として内外の関係性を調節するものとして進化したが、昭和に入って徐々に失われていった。それに伴い町並みの魅力が失われ、内外、公私の関係性が疎遠になっていった。

うことにより、過去と現在の関係性の誤差を修正したかった。入口は、視線の流れを妨げないように透明ガラス框戸とし、さらに、土間をオモテから中庭まで連続させ、通りと内部の関係をより親密にし、視線や光、風の流れなど「空気の流れ」を生き返らせた。間仕切り壁を撤去して障子を復活させた奥の座敷は、記憶の時間を映し出すスクリーンにも見える。また、新しく交換したり追加した木材は古色仕上げをせず、新旧の「関係性」をそのまま表現した。

歴史の中で生まれてきた「様式」は、新しい時代が重なって少しずつ姿を変えていく。私たちが受け継ぐべき「伝統」は、ある限られた時代の「様式」という形体ではなく、その時、その場面の、「関係性」の中にあるのではなかろうか。

町並みの記憶を建物に埋め込む　山村家の改装

改装前の山村家は、型板ガラスの建具が道路前面にならぶ無愛想な外観だった。古写真が見つからなかったことから建設当時の形は不明だったが、現地調査をしてみると意外なことに山村家には、もともと中間領域としての軒下空間が存在しなかったことが判明した。建設時期が昭和初期ということで、ちょうど軒下空間が消失しはじめた時期にあたっていたのだろう。

しかし、いわゆる中間領域はなくなっているものの、架構は、伝統的な形のままで、軒下部分が室内化されていただけだった。すなわち建具の位置をずらすだけで、簡単に軒下空間を創

山村家改装前。道路境界まで迫る腰板付の型ガラス框戸。無愛想な外観。

山村家改装後。軒下空間を創造。格子戸とガラス戸の間に生まれた中間領域によって、公私が柔らかくつながり、伝統的な町並みの魅力が作りだされた。町のギャラリーとして、客が入りやすいデザインになった。

出することが可能であった。

そこで、既存のガラス戸を格子戸に交換し、欄間の型ガラスははずして吊り鴨居にした。そして半間内側に内外を仕切るガラス戸を設け、公私の中間領域を建物に付加した。営業中は表の格子戸を開いておくことで、客が入りやすい雰囲気が生まれた。軒下空間を新たに作ることで、佐原らしい柔らかい町並みが修復されただけでなく、一階を町のギャラリーにしたいという施主の要望もかなえることができた。

これは、佐原の景観整備事業の一環としておこなわれた「町並み修復工事」だったが、実のところ、建物単体としては修復工事とは言えない。古写真がなかったために建設当時の形に修復することができなかった訳だが、それがかえって「文化財修復」を越えた新しい「町並み保存」のかたちを提示することになった。ここで修復したものは建物本体ではない、道空間と建物の「関係性」の修復である。こうして山村邸もまた、重要伝統的建造物群保存地区にとって保存するべきものは何なのかを問いかける重要なプロジェクトになった。蛇足だが、私達のこの取組みが高く評価され、しゅはりは2000年に、山村家は2007年に、それぞれ千葉県建築文化賞をいただいた。

町並みを新築で「修復」する　蔵のレストラン　千与福

重要伝統的建造物群保存地区の中心地にあるその空き地は、奈良屋の屋敷跡だった。奈良屋は、京都に本家がある杉本家が経営していた呉服店で、小野川沿いと香取街道両方に面したL字型の広大な敷地を有しており、昔は数棟の蔵や家屋が建っていた。現存している古写真を見ると、香取街道沿いの奈良屋は時代の変遷に従って様々な様式で建て替えられてきたのがわかる。明治時代には佐原らしい軒のある伝統的な商家があり、大正6年（1917）には2階建ての洋風建物に建て替えられ、屋上もあったらしい。その後、呉服店だけでなく百貨店としても繁盛していったが、戦後、この地域が商業の中心からはずれた後に建物は解体されたという。

町並みの要となる場所が空き地になっていることに、地元の人々はかねてから心を痛めていた。そこで、有志が集まって、町並みに合わせた建物を新築しようという話が持ち上がった。まずは小野川沿いに、地域の人たちが集える本格的なレストランを作ることになった。

しかし、街道沿いの古写真は多数現存するのに、なぜか小野川沿いの古写真は見当たらなかった。そこで、敷地周辺の町並みを調査研究し、また古い絵図を紐解いて、それらをもとにしてこの場に適した「伝統のかたち」を設計に取り入れることにした。外観は、屋根の勾配や軒高を隣接する町並みに合わせた「蔵」の形とし、道沿いには格子戸のある下屋を設け、小野川と柔らかくつなげた。また、「蔵」の後ろに数寄屋を意識した建物を設計し、エントランスはその2棟の合体した部分につくった。かつての奈良屋の屋敷内にも様々な建物が建っていた。

その空間の記憶を再現することを考えた。

外観はできるかぎり伝統的な形に近づけたが、その他の部分はできるだけ自由に考えた。レストランの内部は、伝統的な蔵のもつ暗いイメージとは違い、天井の高い開放的な空間を提案した。また、不定形の敷地の緩やかな高低差を生かしながら、流れを感じる奥行きを作った。現代の材料と技術でこそ可能な新しい構造、空調や照明などの設備を合理的に設置するための空間デザインも工夫した。この場所の記憶を大切にしながら、同時に未来につながる新しい伝統をつくりたいと思った。

考えてみれば、古写真がなかったことが、このプロジェクトにとっても幸に転じた。先にも書いたように、重要伝統的建造物群保存地区にある歴史的建物では、古写真や資料があれば、それに基づいて建物を復元するのが基本だからである。今回は、幸い設計者である私達が新しい機能や環境の変化にすりあわせて、「伝統」を再解釈して設計することができたため、伝統的な空間性を持ちながらも現代人にとって快適で使いやすいレストランが生まれた。

奈良屋の例に限らず、ほとんどの日本の伝統的な建物は、火事や天災などの理由も相まって頻繁に建て替えが行われながら現在に至っているものが多い。今回、たとえ古写真が見つかったとしても、時代の変遷の中でその時々の様式で建て替えられてきた建物を、実際どの時代の様式に復元すればいいのか判断は難しかっただろう。

小野川沿いの奈良屋跡地（右岸、中ほど）。空き地で町並みが途切れていた。工事前は、敷地の片隅に小さな仮設店舗が建っていた。

空き地に蔵のレストランを新築することで、町並みの修復をした。周辺の建物にあわせて、下屋付の蔵のデザインとした。

蔵のレストラン千与福。町並みに合わせて蔵の屋根勾配を決め、下屋も作った。右側の路地から奥に入ると、裏にエントランスがある。

千与福内部。架構を楽しむ開放的な空間。緩やかに湾曲した高低差のある敷地を活かし、動きのある奥行きを設計した。

歴史を紐解き未来へつなぐ

いなえ（旧西ノ宮家の再生）

改装前の旧西ノ宮文具店は、階高がかさ上げされた巨大な「看板建築」と化しており、周囲の伝統的な町並みに違和感を放っていた。度重なる増改築の結果、表の町家2軒は、裏の洋館、土蔵や倉庫と輪郭さえ不明なほど複雑に絡み合い、隙間は屋根で覆われて内部は真っ暗だった。数棟の建物が一体となって文具店の店舗兼倉庫として使用され、巨大な内部空間を形作っていたのだ。今回のプロジェクトは、そこに絡み合った歴史を少しずつ紐解くことから始まった。古写真が残っていた道路沿いの町家の外観以外は、原型がほとんど分からず、柱に残されたほぞ跡から構造を推察したり、他の類似建物に手がかりを求めるなど、困難を極め、考古学的な取り組みで修復設計を進めた。また、各棟とも老朽化がかなり進んでおり、基礎、構造、屋根、内外装すべてに手を入れる必要があった。施主も、大工も、私達も、皆が暗中模索の状態で、最終形がどうなるのか全く想像がつかなかった。結果的に2007年に始まった工事は6年3期にわたって行われ、途中、東日本大震災の被害にも襲われた。そして2012年、カフェ、ギャラリー、コミュニティスペースを併設した震災の復興拠点「いなえ」として甦った。以下、3期の工事の内容をざっくり紹介したい。

第1期工事　2007年〜2008年（西ノ宮主屋、旧玉澤家修復）

これは、道路に面した部分にある2棟のファサードの修復工事である。香取市佐原地区町並み保存事業の一環として行い、文化庁の助成金対象事業であった。ただし、助成対象は建物の骨組みと外観のみであることから、内装は一切手を付けなかった。まず、2棟を全体から切り離し、看板建築や増築部分を除去。老朽化していた基礎を撤去し、コンクリートで基礎を新設。その後、かさ上げされていた西ノ宮主屋を80センチ下げ、もとの階高に復元した。構造材がかなり傷んでいたため、材の交換、補修、補強した。また、道路側も中庭側も、ともに軒が切られていたため下屋を復元。外壁を下見板張りにし、外部周りの建具を新設した。

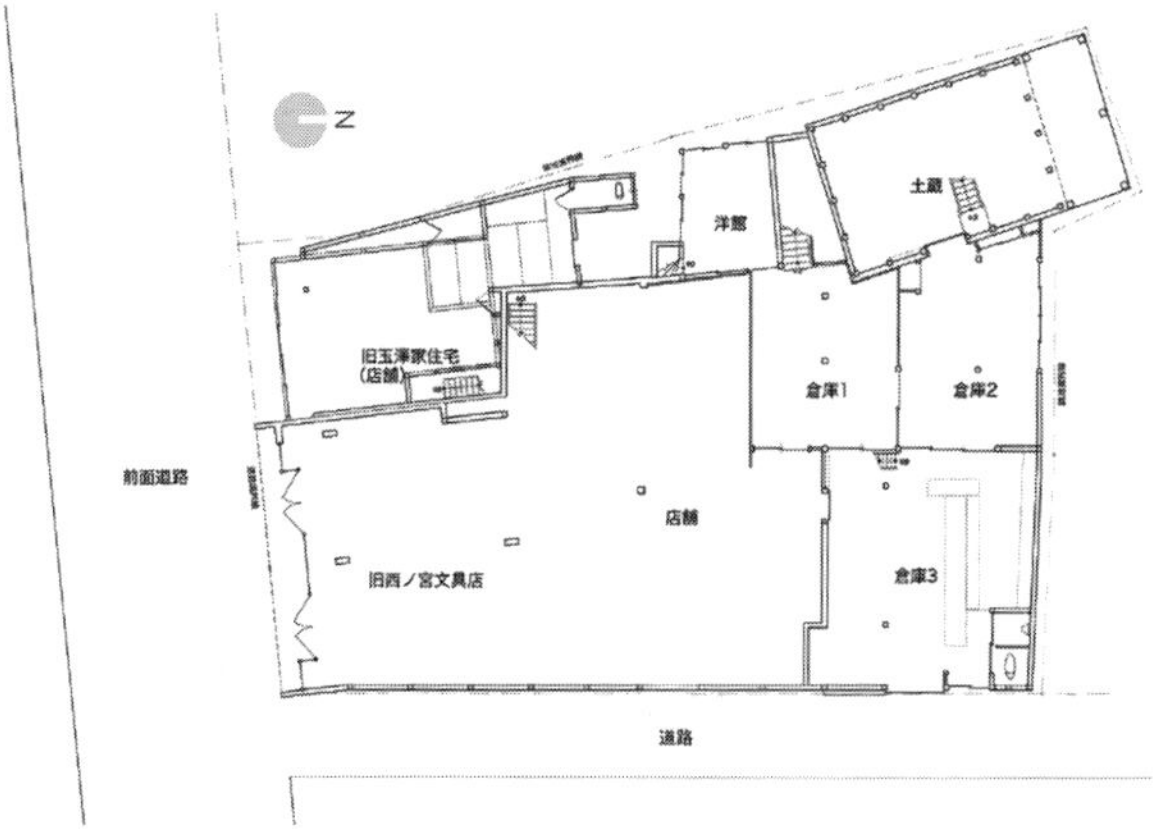

旧西ノ宮文具店 改装前平面図。
数棟の建物が絡み合い、巨大な内部空間を形づくっていた。内部は真っ暗だった。

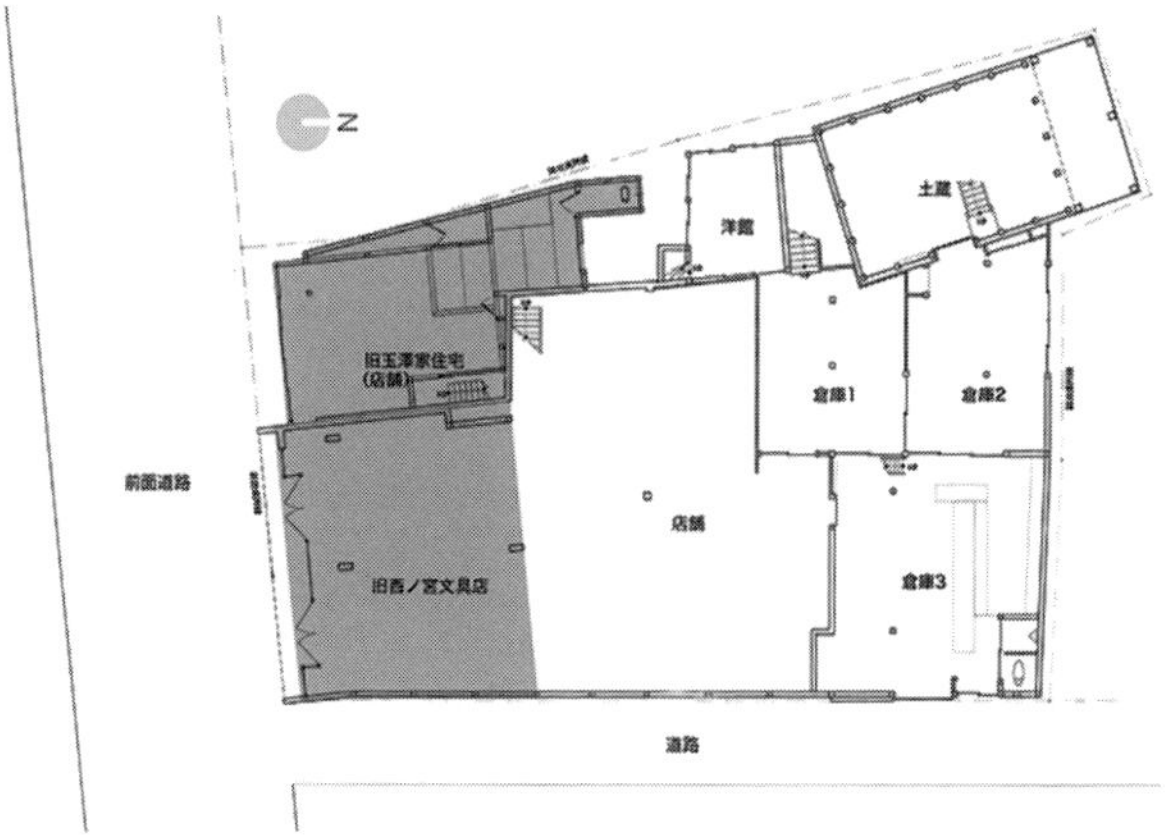

第1期工事範囲平面図。
道路に面した2棟を全体から分離し、増築部を解体後、修復。グレーの部分が、今回の工事対象部分。

改装前の外観。右の西ノ宮主屋は80センチかさ上げされ、巨大な「看板建築」だった。左が旧玉澤家。こちらも看板建築。

改装前の内部。倉庫（改装後に中庭になる場所）から西ノ宮主屋を見返す。主屋の軒は切られ、倉庫と一体化され、大屋根がかかっていた。主屋の2階へ上がる階段もあった。

旧西ノ宮、戦前の外観。（西ノ宮主屋は、かつて玉澤洋物店だった）。

第2期工事　2009年～2010年（土蔵、洋館修復）

前面の2棟を切り離した後、半壊になっていた現場は、翌年、無事第2期工事に取り掛かることができた。土蔵と洋館を全体から切り離すため、増築部、接合部を解体除去した。しかし、洋館と土蔵の距離が近すぎて修復作業が難しいため、全体計画を考えながら洋館を疋家して土蔵との距離をとることにした。洋館はかなり老朽化していて、小屋組み以外の部材はほぼ全面的に交換する必要があった。しかも建築様式は不思議な和洋折衷で、その原型がわからず、修復は困難を極めた。近隣で類似した洋館の例を探したが見つからず、残った骨組みをもとに類推しながら設計をす

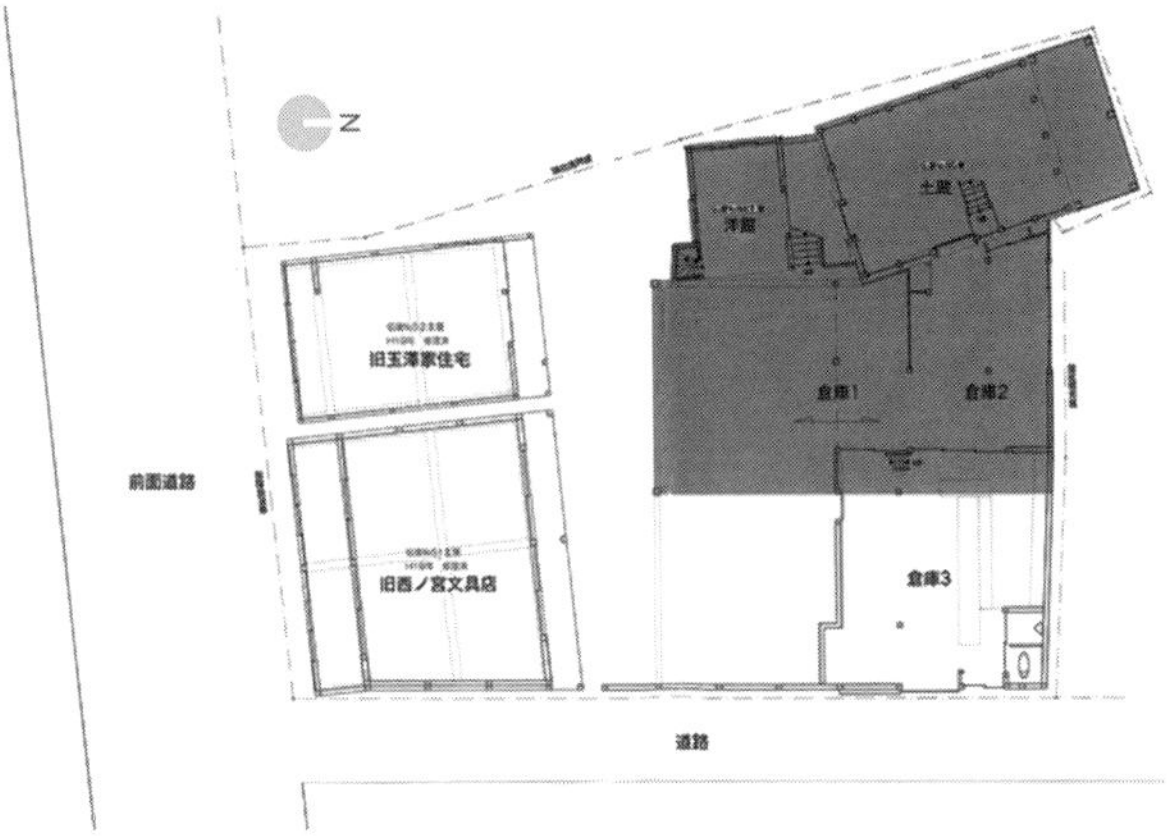

第2期工事範囲平面図。
洋館と土蔵を全体から分離し洋館を疋家、その後、修復。増築部（倉庫の一部）を解体。グレーの部分が工事対象部分。

すめた。基礎を新設し、ほとんどの構造材を新しくし、屋根も葺替え、外壁はドイツ下見張りとした。そのプロセスを考えると、これは修復工事というよりは、記憶をもとに再構築した新しい建造物というのが正しいのではないかと思った。

その後、やはりひどく老朽化していた土蔵の修復にとりかかった。古い基礎石を取り外し、コンクリートで新たな基礎を作り、傷んだ部材を取り替え、崩れた漆喰壁と漆喰扉の補修、霧除けの復元もした。中庭を一般市民に公開するという条件で、この一連の工事も、香取市佐原地区町並み保存事業の助成金対象事業（文化庁）として遂行された。

第1期工事後の半壊状態の洋館。倉庫や蔵、増築部と絡み合っており、元々の形が全くわからなかった。

左：増築部を切り離して洋館を全体から切り離した後に疋屋。材が痛んでおり、小屋組み以外ほとんど新しい材に交換することになった。

下・左：近隣の事例を参考に、推察しながら洋館を再建した。
下・右：完成した洋館。

土蔵修復前の外観。絡み合っていた倉庫などの増築部を撤去してみると、老朽化がかなり進んでいるのがわかった。

土蔵修復後の外観。基礎を新しくし、構造補強し、しっくい壁、しっくい扉等の修復をした。

第3期工事　2011年〜2012年
（東日本大震災被害の修復、倉庫の減築及び改築、中庭の創出、被災地の復興拠点の設計）

　第2期工事が終って、今後の工事の進め方を模索していた矢先に、東日本大震災の被害に見舞われた。佐原は、利根川の下流にあるため地盤が脆弱で、地震の被害は深刻だった。特に重要伝統的建造物群保存地区では、殆どの建物の瓦屋根が落ち、中には全壊、半壊したものも多くあった。幸いにして私達が構造補強しながら改装した旧西ノ宮家は、大きな被害に合わずに済んだが、震災の影響で観光客も減り、町の活気が失われる中、ここを被災地の復興拠点にしようという話が持ち上がり、震災後まもなく第3期工事にとりかかることになった。復興拠点として必要な施設として、人々が集えるコミュニティスペース、カフェ、ギャラリー、佐原の特産物を取り扱う店舗が構想され、防災備蓄倉庫も併設することになった。

　今回の工事は、第2期工事までの伝統的な建物の保存修復とは一線を画する。主屋、洋館、土蔵が切り離された後、よりかかるものを失った倉庫部分は半壊状態で残っていたが、歴史的に保存修復する価値があるとは認定されていなかった。つまり、どの部分を撤去し、どこを残すのか、全面的に私達の判断に委ねられた。そこで、2つに分かれていた倉庫の屋根のひとつと、不要な付属屋を除去し、中庭を作る計画をたてた。そして、倉庫の骨組みの一部を利用し、カフェと災害備蓄倉庫を作る計画とした。また運営上の理由で、主屋と渡り廊下でつないだ。倉庫の構造材もかなり老朽化しており、小屋組みを除いて殆どを新しくし、構造補強を施し、基礎の新設をした。中庭に散らばるように建つ修復した町家、洋館、土蔵の風景を楽しむ為に、大きなガラス窓がある開放的なカフェ空間を設計し、中庭との一体感を感じられるデザインとした。

第1期、第2期工事（町家2軒、洋館、土蔵）は、香取市佐原地区町並み保存事業として文化庁の助成金対象の範囲である骨組みと外観のみの修復にとどまっていたが、今回は、各建物の使い方もきまり、それらの内装工事も用途に合わせて施すことになった。旧西ノ宮家主屋はコミュニティスペースに、旧玉澤家は佐原特産品の物販店に、洋館と土蔵はギャラリーに。そして、減築で新たに生まれた中庭の造園工事も行った。この試みが地域商業活性化支援補助金対象事業（経済産業省　被災地の復興支援）に認定されたことで、工事は思ったより早く完成し、震災で沈んでいた人々に力を与えることができ、大変嬉しかった。

こうして2007年から5年にわたる工事がようやく終了し、旧西ノ宮文具店は全く新しい場所として生まれ変わった。町並みは「修復」され、新しくできた中庭は人々が気軽に立ち寄れる憩いの場となり、町に魅力的な奥行きが生まれた。そして、佐原の佐の字をひらがなに分解した「いなえ」という名前が施主によって命名された。

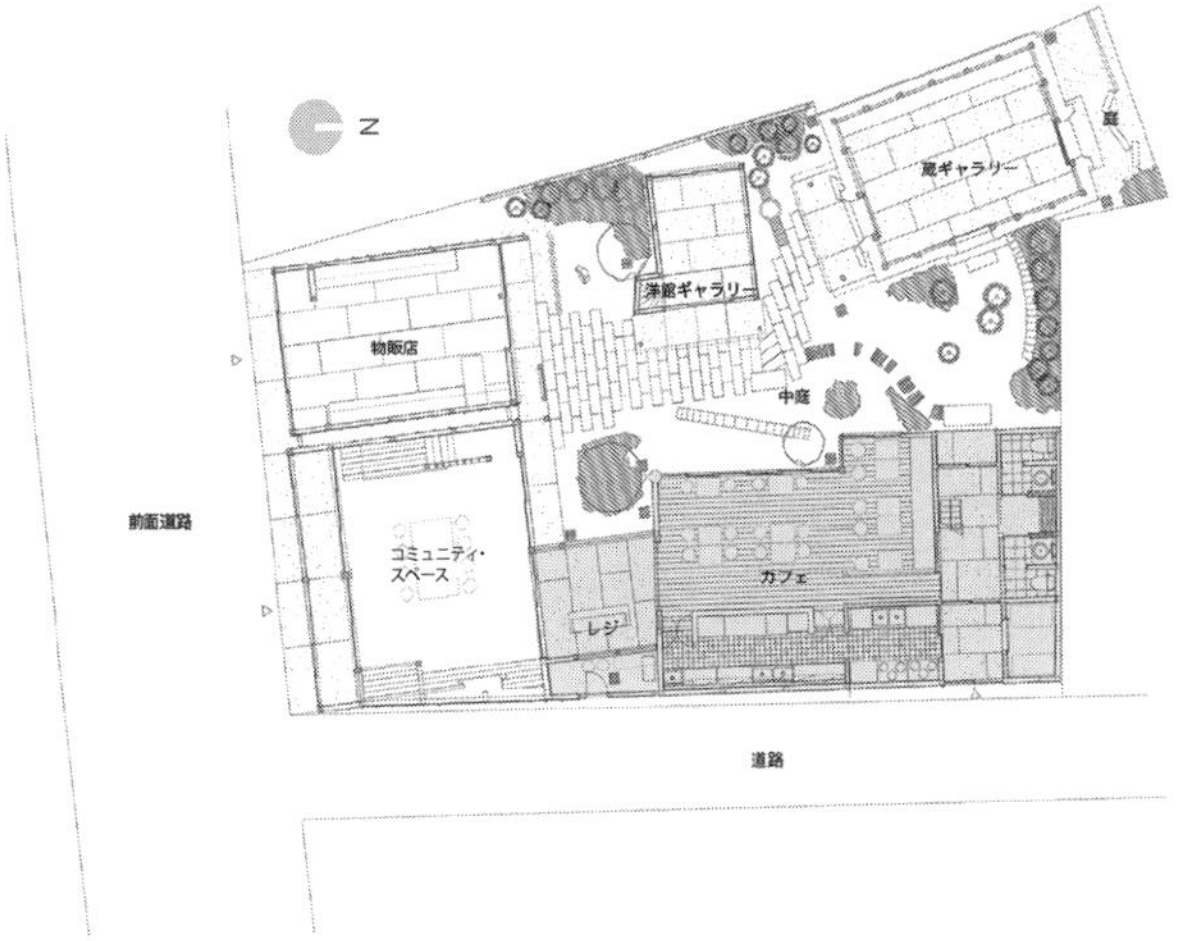

第3期工事平面図。
倉庫の一部を解体し中庭を創出。残った倉庫の一部をカフェに改造。渡り廊下の増築。各棟の内装工事。

空間としての町並み再生

ここまで淡々と工事のプロセスを綴ってきたが、最後に、「いなえ」の再生を通して設計者として考えたことをまとめてみたい。通常、町並みの修復事業は、外観の整備で完了する。しかし、表面的な外観修復が終っただけでは、本当の意味での町並みの修復にならないことを今回、強く実感した。第1期工事で、軒を再生し、格子戸を作っただけでは、町並みが再生されたとは全く感じられなかった。それは、おそらくそれらが「建築として機能」していなかったせいだろう。第3期工事がおわり、内部空間が完成して初めて、軒下が内外の「中間領域」として働き、そこに

第3期工事が終わった後の西ノ宮（いなえ）。軒下空間が作られ、公私の関係性が修復され、優しく人を招き入れる町並みが再生された。

大屋根を取り払って新たに創出した中庭から、軒と外壁を修復した町家2軒（左：旧西ノ宮主屋、右：旧玉澤家）を見る。

改装後の西ノ宮主屋（いなえ）。町の気配、中庭の景色の両方が楽しめる。床の間には、既存建物外壁の古いトタン板を使用。

倉庫の古い小屋組みを現しにして、歴史を楽しむ天井の高い空間。記憶の風景を埋め込んだ中庭を楽しむカフェ。

改修前とは違う公私の新しい関係性が生まれた。また、格子戸が透けるという魅力も、店内や中庭があって初めて活かされ、道空間から中庭への流れが生まれ、奥行きが感じられるようになった。結果、建物と町との有機的な「関係性」が修復され、町並みが再生されたことが実感できた。この経験を通してますます、佐原の重要伝統的建造物群保存地区における町並み修復が、内部空間も視野に入れたものでなければ意味がないことがよくわかった。

建物が機能して初めて、「文化財」修復から「建築」の修復へと昇華するのだ。

歴史を楽しむ場を生み出す

第3期工事の途中、中庭部分に架かっていた大屋根を取り除いた後、様々な建築様式の建物が脈略なく建っている不思議な住棟配置が現れた。そこで、むしろその重なり合った時間の不整合な感じや、遺構のイメージを大切にしながら空間全体を「記憶の庭」として再構築していくことを思いついた。震災で崩落した古瓦を積んでオブジェをつくり、改修前の土蔵の古い基礎石で石畳を作り、中庭に更なる記憶を重ねた。さらに、もともと倉庫で使われていた板金製の古い鬼瓦や、改装前の外壁に使われていた錆びたトタン波板、廃墟感をあえて残す裏庭など、「いなえ」のあちこちに場所の記憶をちりばめ、歴史を感じる風景をつくった。洋館の古い小

東日本大震災の被害にあった佐原の重要伝統的建造物群保存地区。殆どの瓦屋根が崩落した。

「いなえ」に新しく創出した中庭に、震災で崩落した古い瓦でオブジェを作った。

減築して新しく創出した中庭。土蔵の古い基礎石を踏み石に使い、古瓦で作ったオブジェを置き、中庭に場所の記憶をちりばめた。

再生後の土蔵内部。もともとあった廃墟のような風景を残し、それを楽しめる窓を作った。古いトタンの鬼瓦を天井から逆さ吊りし、記憶の時間を楽しむしかけとした。

屋組みや、カフェとして甦った倉庫の既存小屋組みも現しとして鑑賞できるようにし、建物の記憶を目に見えるデザインとした。このように「いなえ」では、歴史や記憶を建築に盛り込み、それらを楽しむしかけを設計した。伝統的建物の再生を通じて、時間を経たものが持つ美しさを発見し、その価値を見いだすことは、未来へとつながる創造行為となるのではなかろうか。

伝統を現代に活かす

暗中模索の中で始まった今回のプロジェクトでは、最初に全体計画を立てることができなかった。様々な建物が不可分に絡み合い、もともとそこに何棟の建物があったのか、中庭があったかどうかさえ定かでなかった。私たちにできることは、増築された部分を少しずつ解体しながら、そこに隠れている伝統の形を見つけていくことだった。そして、それらによって導き出される空間を読み解き、それにふさわしい使い方、活かし方をみつけていくという順番だ。結果、薄暗い土蔵は陰翳と廃墟感を楽しむ場に、洋館は上昇する時間の螺旋を感じる明るいギャラリーに、各建物の隙間は記憶の風景を楽しむ庭に、天井の高い倉庫は中庭と一体化したカフェに、西ノ宮主屋は土間のコミュニティスペースとして甦らせることになった。すなわち、通常の設計のプロセスとは違って、最初にイメージしたものを作っていくのではない。歴史を紐解き、個々の建築の持つ力を発見し、それらを現代に「活かし」、未来へつなげていく、設計者の新しいクリエイティビティが求められているのだ。

しゅはり

改装部分 : 110㎡

レストラン　佐原・千与福

敷地面積 : 1678㎡　建築面積 : 313㎡
延床面積 : 298㎡
木造平屋　新築

いなえ

敷地面積 : 378㎡　建築面積 : 211.84㎡
延床面積 : 288.39㎡
西ノ宮主屋　100.71㎡　倉庫（カフェ）120.69㎡
玉澤家（物販店）　29.57㎡　洋館（ギャラリー）10.58㎡
土蔵（ギャラリー）26.84㎡
施工 : しゅはり
造園 : 岩城
設計 : 郡裕美＋遠藤敏也／スタジオ宙一級建築士事務所
http://www.studio-myu.com

あとがき

こうして出来上がった本を一気に読んでみると、気ままな人生を送ってきたのだなあと我ながら呆れる。ベルリンの教会で作品を作ったり、ブラジルの海で映像を撮ったり、ニューヨークのガラス工房で悶々としたり……。でも、その中でいつも素敵な人たちに巡り会い、旅を通していろんなことを学んできた。私の旅は、普通の旅行とはちょっと違って、行った先々で作品を作る旅。観光では絶対に訪れないような廃墟を訪ね、さびれた商店街で材料を探したり、言葉が通じない現地の人たちと共に作品を作ったりする。私が一番わくわくする瞬間。それは、その場所に隠れている空間の魅力を発見する時。風土や歴史、土地や建物、人々の記憶などが絡み合ってできる特別な宝物。それらは埃にまみれて見えなくなっていたり、物陰に息を潜めていたりする。私は、その宝物を見つけると、それに光をあて、そこにある空間の魅力を生かす作品を作りたくなってしまう。それは、アートでも建築でも全く同じ。それが、ある時は、インスタレーションとなり、ある時は伝統的建物の再生として結実する。

「夢見る力」という題名は、私の大学の卒業設計のタイトルだ。京都竹田地区のスラムクリアランスに対する新しい設計提案をした。調査に行った時に見つけた昔ながらの路地の楽しさを生かした空間が作りたいと思った。

その時からずっと考えている。「夢見る力」を育てれば、いつか世界が変わる。

2017年8月28日

東京　吉祥寺のアトリエにて　郡 裕美

初出一覧

夢見る力

第1回〜第4回＊「愛知建築士会」会報　2008.2〜2008.5

第5回〜第10回＊「愛知建築士会」会報　2010.3〜2010.8

第11回〜第20回＊「愛知建築士会」会報　2012.7〜2013.4

伝統的建造物の再生と新たな価値の創造
書下ろし　2017.8

カバー　佐原しえと土蔵　写真：傍島利治

郡 裕美（こおり ゆみ）

一級建築士、JIA日本建築家協会会員、登録建築家
日本建築学会正会員、スタジオ宙（みゅう）一級建築士事務所代表
〒180-0004 東京都武蔵野市吉祥寺本町1-27-3-701
Tel 0422-20-5071　Fax 0422-20-5072
メール　yumi@studio-myu.com
ホームページ　www.yumikori.com

建築家／美術家。名古屋市出身。1983年京都府立大学生活科学部住居学科を卒業後、アルテック建築研究所勤務を経て、1991年にスタジオ宙一級建築士事務所を遠藤敏也と共同設立。住宅や集合住宅のほか、公共施設や店舗、歴史的町並み修景など、さまざまな建築設計を手がける。コロンビア大学建築学部修士課程を修了後、1996年コロンビア大学准教授就任を機に活動の拠点をニューヨークと東京に。イエール大学、名古屋工業大学、東京理科大学など、日米両国で建築教育に携わる一方、世界各地で講演活動も活発に行う。2016年より大阪工業大学 空間デザイン学科 教授に就任。

1997年より、建築とアートの融合を目指し、ベルリン、ニューヨーク、東京、サンパウロなど、世界各地でインスタレーション、舞台装置などの空間作品を発表。

住宅建築賞（東京建築士会），東京建築賞（東京建築士事務所協会），The ar+d awards（The Architectural Review 英国），大阪都市景観建築賞，ARCASIA建築賞ゴールドメダル（アジア建築家評議会），JIA環境建築賞（日本建築家協会）など多数受賞。千葉県佐原で取り組んできた伝統的町並の再生プロジェクトに対して2015年度日本建築学会賞を受賞。

主な著書　居心地よさの発見 家づくりのコトバ200（エクスナレッジ）

夢見る力　建築とアートを融合する

2017年12月30日　初版発行

著　者——郡　裕美　©2017
発行者——山岸久夫
発行所——王 国 社
〒270-0002 千葉県松戸市平賀152-8
tel 047(347)0952　fax 047(347)0954
郵便振替 00110-6-80255
印刷　三美印刷　製本　小泉製本
写真・図版——郡　裕美
造本・構成——水野哲也（Watermark）

ISBN 978-4-86073-066-6 *Printed in Japan*